教育部人文社会科学重点研究基地重大项目"'一带一路'不同类型国家教育制度与政策研究"（课题编号：17JJD880006）

新疆师范大学自治区"十三五"重点学科招标课题"国际理解教育在中亚留学生教育中的实施情况研究"（课题编号：17XJKD0304）阶段性成果

教育部人文社会科学重点研究基地北京师范大学国际与比较教育研究院资助出版

"一带一路"不同类型国家教育制度与政策研究 主编◎ 顾明远

哈萨克斯坦教育制度与政策研究

阿依提拉·阿布都热依木   朋   腾◎著

人 民 出 版 社

总　序

2013 年 9 月和 10 月，习近平主席分别提出建设"新丝绸之路经济带"和"21 世纪海上丝绸之路"的合作倡议（简称"一带一路"倡议），强调加强沿线国家间的政策沟通、道路联通、贸易畅通、货币流通和民心相通。这一倡议是习近平"人类命运共同体"思想的具体体现。与沿线国家共创、共建、共赢，推动沿线各国经济繁荣、人民友好、和谐共处，维护世界和平；同时提升我国在世界经济体系中的地位，提高我国在国际社会、政治舞台上的话语权。要达成这些目标，单方面的物质投入是不够的，需要进一步加强人文交流，做到民心相通。而教育对于促进沿线地区和国家间的文化交流，加强彼此间的理解与认识，缓解因文化、民族等差异而引发的矛盾和冲突有着不可替代的作用。

2016 年 7 月，我国教育部牵头制订了《推进共建"一带一路"教育行动》，将开展教育互联互通合作作为首要合作重点，提出要开展"一带一路"教育法律、政策协同研究，构建沿线各国教育政策信息交流通报机制，为沿线各国政府推进教育政策互通提供决策建议，为沿线各国学校和社会力量开展教育合作交流提供政策咨询。中共中央、国务院 2019 年印发的《中国教育现代化 2035》再次提出要扎实推进"一带一路"教育行动。"一带一路"沿线国家国情不一，文化多元，要实现互联互通，首先要加强对这些国家教育制度与政策的了解。

改革开放以后，为了尽快恢复教育秩序，赶上发达国家的教育现代化步伐，我国比较教育研究的对象主要是西方发达国家。虽然 21 世纪以来我们开始关注非洲、拉丁美洲诸国的教育，但对许多"一带一路"沿线国家的教育研究得甚少，而这些基础性的研究恰恰是有效推进"一带一路"行动的必要依据。在这一背景下，我主持了教育部人文社科学重点研究基地2017—2020年重大项目"'一带一路'不同类型国家教育制度与政策研究"。本套丛书便是这一课题的主要研究成果。

由于各种现实条件的限制，我们难以对所有"一带一路"沿线国家开展研究。在综合考虑文明类型、地缘政治地位以及和我国的交流合作基础等因素后，我们遴选了俄罗斯、新加坡、泰国、印度、哈萨克斯坦和伊朗这六个有一定典型性和代表性的沿线国家开展国别研究，形成了本丛书。丛书着重论述了六个国家的教育文化传统、教育基本制度、最新教育政策以及对外开放形势。另外，丛书还重点分析了这六个国家与我国教育交流合作的进展、经验，以及当前面临的问题和挑战，以期为我国下一步的战略选择提供参考。

丛书由我担任主编，是多校科研团队通力合作的成果。各分册作者如下：《俄罗斯教育制度与政策研究》由北京师范大学国际与比较教育研究院肖甦、朋腾负责；《新加坡教育制度与政策研究》由北京师范大学国际与比较教育研究院丁瑞常、康云菲负责；《泰国教育制度与政策研究》由浙江大学阚阅、徐冰娜负责；《印度教育制度与政策研究》由贵州财经大学杨洪、车金恒负责；《哈斯克斯坦教育制度与政策研究》由新疆师范大学阿依提拉·阿布都热依木、北京师范大学国际与比较教育研究院朋腾负责；《伊朗教育制度与政策研究》由宁夏大学王锋、王丽莹负责。

本丛书覆盖的国别还非常有限，而且主要偏于对各国教育基本情况的介绍，研究广度和深度还有待进一步拓展。由于时间紧、任务重，丛书难免存在疏漏、错误等情况，我在此恳请读者批评指正，也诚邀学界同仁加入"一带一路"教育研究队伍中来。

是为序。

2020 年 9 月 22 日

目　　录

哈萨克斯坦纵览……………………………………………………………1

第一章　哈萨克斯坦教育发展的社会文化背景………………………4

　　第一节　哈萨克斯坦教育发展的社会经济背景………………………4

　　第二节　哈萨克斯坦教育发展的社会文化背景………………………10

第二章　哈萨克斯坦教育发展的历史演进……………………………14

　　第一节　沙皇时期的哈萨克斯坦教育…………………………………14

　　第二节　苏联时期的哈萨克斯坦教育…………………………………16

　　第三节　哈萨克斯坦的现行学制………………………………………17

第三章　哈萨克斯坦学前教育…………………………………………20

　　第一节　学前教育机构和规模…………………………………………21

　　第二节　儿童入学率……………………………………………………29

　　第三节　教育标准与内容………………………………………………33

　　第四节　资金保障………………………………………………………36

　　第五节　基础设施建设…………………………………………………38

　　第六节　教师队伍建设…………………………………………………42

　　第七节　质量评估体系…………………………………………………45

第四章　哈萨克斯坦基础教育 ··50

　第一节　基础教育发展的历史沿革 ······································50

　第二节　教育机构及规模 ··51

　第三节　教育标准与内容 ··56

　第四节　资金保障 ··60

　第五节　基础设施建设 ··64

　第六节　教师队伍建设 ··67

　第七节　质量评估体系 ··74

第五章　哈萨克斯坦技术和职业教育 ··80

　第一节　教育结构与规模 ··80

　第二节　专业设置及教学内容 ··89

　第三节　教学条件与环境 ··93

　第四节　师资队伍 ··95

　第五节　经费投入 ··99

　第六节　教育管理 ··102

　第七节　就业状况 ··103

第六章　哈萨克斯坦高等和大学后教育 ····································106

　第一节　高等教育学制与规模 ···107

　第二节　师资队伍 ··118

　第三节　教育标准与内容 ···122

　第四节　教育质量保障体系 ··123

　第五节　教育经费 ··126

　第六节　教育管理 ··130

　第七节　教育国际化 ···132

第七章 哈萨克斯坦的师范教育 ························· 140
　第一节 连续师范教育体系 ························· 142
　第二节 师范教育的问题与展望 ····················· 144
　第三节 提升教师地位的举措 ······················ 146

第八章 哈萨克斯坦教育改革的基本趋势 ··················· 149
　第一节 哈萨克斯坦最新教育政策 ···················· 149
　第二节 哈萨克斯坦教育发展的成绩 ··················· 154
　第三节 哈萨克斯坦教育发展的不足与制约因素 ············· 158
　第四节 哈萨克斯坦教育改革趋势 ···················· 164

第九章 哈萨克斯坦教育的国际合作实践 ··················· 176
　第一节 哈萨克斯坦教育国际合作的政治基础 ·············· 176
　第二节 哈萨克斯坦与世界各国的教育合作实践 ············· 179

第十章 哈萨克斯坦与中国的教育国际合作与交流 ·············· 184
　第一节 哈萨克斯坦与中国的教育合作政策对接 ············· 184
　第二节 中国与哈萨克斯坦的教育合作实践 ··············· 186
　第三节 "一带一路"背景下中哈两国的教育合作前景 ········· 189

结束语 ····································· 195

附录 1：哈萨克斯坦共和国高等院校一览表 ················· 197
附录 2：常见教育缩略词表 ························· 200
附录 3：哈萨克斯坦教育常用词汇解析 ··················· 204
参考文献 ···································· 209

哈萨克斯坦纵览

哈萨克斯坦共和国（Республика Казахстан），通称哈萨克斯坦，位于亚洲中部，是中亚地区幅员最辽阔的国家。北邻俄罗斯，南与乌兹别克斯坦、土库曼斯坦、吉尔吉斯斯坦接壤，东接中国，西濒里海，南邻咸海。国土总面积为 272.49 万平方公里（陆地面积为 266.98 万平方公里），是世界上最大的内陆国家。哈萨克斯坦地跨亚欧两洲，大部分领土坐落在中亚北部，位于乌拉尔河的一小部分土地在欧洲版图。哈萨克斯坦人口总数为 1837.6 万人[①]（截至 2018 年 12 月 1 日），是一个多民族国家，由 131 个民族组成，哈萨克族和俄罗斯族人数最多。首都阿斯塔纳（Астана）于 2019 年 3 月更名为努尔苏丹（Нур-Султан），面积 952 平方公里，人口 150 万（截至 2018 年），是哈萨克斯坦工农业的主要生产基地、全国铁路交通枢纽，拥有牢固的社会文化基础。哈萨克斯坦的首任总统努尔苏丹·阿比舍维奇·纳扎尔巴耶夫（Nursultan Abishevich Nazarbayev），1940 年生于阿拉木图州的一个村庄，执政近 30 年。现任总统是卡瑟姆 – 若马尔特·克梅列维奇·托卡耶夫（Kassym-Jomart Tokayev），1953 年 5 月生于阿拉木图，2019 年 6 月 10 日当选总统。

哈萨克斯坦全国划分为 14 州 3 个直辖市，分别是：阿克莫拉州

[①] 中华人民共和国商务部：《哈萨克斯坦人口总数达 1837 万人》，2019 年 1 月 17 日，见 http://www.mofcom.gov.cn/article/i/jyjl/e/201901/20190102827645.shtml。

（Акмолинская область）、阿克纠宾州（Актюбинская область）、阿拉木图州（Алматинская область）、阿特劳州（Атырауская область）、图尔克斯坦州（Туркестанская область）①、东哈萨克斯坦州（Восточно-Казахстанская область，简称 ВКО）、江布尔州（Жамбылская область）、西哈萨克斯坦州（Западно-Казахстанская область，简称 ЗКО）、卡拉干达州（Карагандинская область）、克孜勒奥尔达州（Кызылординская область）、科斯塔奈州（Костанайская область），曼格斯套州（Мангистауская область）、巴甫洛达尔州（Павлодарская область）、北哈萨克斯坦州（Северно-Казахстанская область，简称 СКО）；3 个直辖市分别为首都努尔苏丹市（г.Нур-Султан）、阿拉木图市（г.Алматы）和奇姆肯特市（г.Шымкент）。

　　苏联解体后，1991 年 12 月 16 日哈萨克斯坦宣布独立，1992 年 3 月 2 日加入联合国，成为国际社会中的一员。现行的《哈萨克斯坦宪法》是在 1995 年 8 月 30 日经全民公决通过的。宪法明确了国家的政治属性，即哈萨克斯坦是一个民主、世俗、法治国家，其最高价值为人、人的生命、人的权利和自由，它承认意识形态、政治和所有制多元化。哈萨克斯坦为总统制共和国，独立以来实行渐进式民主政治改革，在政治上保持稳定。国家政权以宪法和法律为基础，根据立法、司法、行政三权既分立又相互作用、相互制约、相互平衡的原则实现。独立后的最初 10 年，哈萨克斯坦尽管遭受了严重的经济危机，出现了工农业生产连年滑坡、通货膨胀、财政赤字严重、资金短缺，人民生活水平普遍下降，但现在的哈萨克斯坦已成为独联体第二大经济体，综合国力仅次于俄罗斯，属于中高收入国家。石油天然气、有色金属和粮食是国家经济的三大支柱。

　　1992 年中国与哈萨克斯坦正式建交以来，两国高层交往频繁，政治高度互信，经济深度融合，各领域务实合作不断扩大。2011 年 6 月，双方宣布将两国关系提升为全面战略伙伴关系。中国是哈萨克斯坦最主要的

---

① 　Южно-Казахстанская область（南哈萨克斯坦州）于 2018 年更名为 Туркестанская область。

贸易和投资伙伴之一，也是哈萨克斯坦第二大贸易伙伴国。2013 年 9 月，习近平总书记在访问哈萨克斯坦期间首次提出共建"丝绸之路经济带"倡议，对此哈方也给予了高度重视和积极响应。作为我国对外开放的重大战略构想，"一带一路"倡议为推进沿线区域教育交流合作与开放融合提供了发展契机。倡议"民心相通"目标的达成，核心在于促进沿线国家和地区教育、科技、文化的协同发展。这也要求学术界不断加强对沿线国家和地区教育发展状况的研究分析。

独立以后的哈萨克斯坦秉持"多元平衡外交"战略，以更积极和开放的态度与世界各国建立外交合作，正处于从资源型经济向创新发展转型的国家。将教育视为更加强大的基石，把"提高教育与科学的竞争力，为经济的稳定增长输送高质量的复合型人才资源"作为教育发展的战略目标。自 1992 年建交至今，中国与哈萨克斯坦的教育合作不断加深。"一带一路"倡议的提出拓宽了两国政府和教育部门之间的合作空间，上合组织框架下的合作意向和中国政府提供的各类奖学金使哈萨克斯坦来华留学生队伍不断壮大。孔子学院和高校合作平台的增加，为两国民心工程输送越来越多的国际人才和友谊使者。

第一章　哈萨克斯坦教育发展的
社会文化背景

苏联的解体使当时的哈萨克斯坦不得不在困难的经济条件下完成重建国家教育体系的重要任务。虽然很多人都认为，教育是对外界变化不太敏感的保守领域，但最近 30 年的世界变化和哈萨克斯坦国内发展，使教育部门加快了开发教育领域新内容、新方法和新技术的步伐。人口的快速增长和教育水平的提升，让世界对其刮目相看。稳定的社会环境和就业市场给年轻人提供了发展机遇。教育在民族文化传承和多元化发展方面的作用使哈萨克斯坦青少年一代增强了国家意识和对世界多元化的认知。

第一节　哈萨克斯坦教育发展的社会经济背景

总统纳扎尔巴耶夫在 2018 年 10 月 5 日的"增加哈萨克斯坦人民的福利，提高收入和生活质量"咨文①中强调，增加哈萨克斯坦人民的福利是优先发展方向，这取决于人民收入与生活质量的稳定增长，而教育在人力资源开发中起着关键作用。根据联合国衡量各国公民生活质量指标的人类

---

① Н.Назарбаев（2018）Послание народу Казахстана от 5 октября 2018 г. 《*Рост благосостояния казахстанцев：повышение доходов и качества жизни*》，2018-10-15，http：//www.akorda.kz/ru/addresses/addresses_of_president/poslanieprezidenta-respubliki-kazakhstan-nnazarbaeva-narodu-kazakhstana-5-oktyabrya-2018-g.

发展指数数据，在 2018 年的 189 个国家中，哈萨克斯坦名列第 58 位，已进入人类发展水平最高的 59 个国家行列中。① 依据世界银行的人类发展指数数据，哈萨克斯坦在 157 个国家中排名第 31 位。

一、人口及出生情况

一个国家的人口状况是影响所有经济部门，特别是教育部门的一个重要因素。2018 年哈萨克斯坦的人口增长达到历史最高水平，总人数达到 18395660 人（其中 3—6 岁 1537539 人，7—17 岁 3229393 人，18—24 岁 1660392 人）。② 哈萨克斯坦最近 5 年的每千人生育率保持在 21—22 之间，是大多数发达国家的两倍。在 2018 年出生的 397799 个婴儿中，

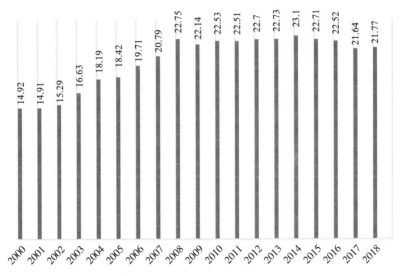

图 1-1　2000—2018 年哈萨克斯坦每千人中的生育率变化

①　М.Атанаева, М.Аманғазы, Г.Ногайбаева, *Национальный доклад о состоянии и развитии системы образования Республики Казахстан* (*по итогам 2018 года*), Нур-Султан：Министерство образования и науки Республики Казахстан, АО «Информационно-аналитический центр», 2019, стр. 19-21.

②　М.Атанаева, М.Аманғазы, Г.Ногайбаева, *Национальный доклад о состоянии и развитии системы образования Республики Казахстан* (*по итогам 2018 года*), Нур-Султан：Министерство образования и науки Республики Казахстан, АО «Информационно-аналитический центр», 2019, стр. 24-31.

29.3% 为家庭中的第一个孩子，28.1% 是二胎，22.9% 是三胎，19.7% 是四胎（及以上）。在所有有子女的家庭中，40.9% 有一个孩子，34.9% 有两个孩子，19.7% 有三个或三个以上孩子。

离婚率上升和结婚率下降的消极趋势也同样影响着哈萨克斯坦的社会发展。2013 年至 2018 年，结婚率从 9.89‰ 降至 7.57‰，在 2018 年，全国四分之一的婚姻以离婚告终。（具体见图 1–2）[1]

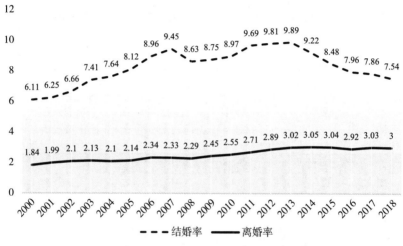

图 1–2　2000—2018 年每千人中的结婚率和离婚率变化

此外，城市家庭的离婚率是农村家庭的两倍。根据 2017 年获得的数据，城市居民的离婚率为 3.94 个百分点，农村为 1.8 个百分点。而且这一差距从 2010 年至 2017 年一直持续着。这些社会问题导致单亲家庭抚养的子女人数不断增加。2017 年共有 34843 名来自离婚家庭的儿童，60.7% 以上的离婚发生在有孩子的家庭，其中 56% 的家庭（18577 人）有一个孩子，44%（14581 人）有两个或两个以上的孩子。

---

① М.Атанаева, М.Аманғазы, Г.Ногайбаева, *Национальный доклад о состоянии и развитии системы образования Республики Казахстан（по итогам 2018 года）*, Нур-Султан：Министерство образования и науки Республики Казахстан, АО «Информационно-аналитический центр», 2019, стр. 31.

二、公共资金中的教育投入

纳扎尔巴耶夫总统在"全球竞争力是哈萨克斯坦第三个现代化"咨文中再次强调，"教育应该成为国家经济增长新模式的中心地带"。[1]2018年，哈萨克斯坦教育支出占政府总支出的比例为17.2%，已达到教科文组织建议的国际水平（不少于15%—20%的公共支出）。2012—2018年间，教育支出的比例下降到15%以下的仅在2017年。（具体见图1–3）[2]根据政府的传统做法，教育仍然是获得公共资金最多的第二大领域（第一是社会援助和福利，占24.2%）。这也表明了教育在哈萨克斯坦国家政策中占有高度优先的地位。

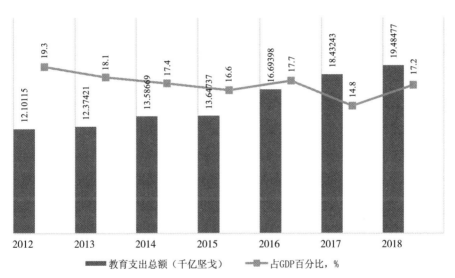

图1–3 2012—2018年国家教育支出总额和百分比变化

2018年，哈萨克斯坦的教育开支占国内生产总值的3.3%，总额达

① Е.Нурланов, М.Аманғазы, Г.Ногайбаева, *Национальный доклад о состоянии и развитии системы образования Республики Казахстан*（*по итогам 2017 года*），Астана：АО «ИАЦ», 2018, стр.18.

② М.Атанаева, М.Аманғазы, Г.Ногайбаева, *Национальный доклад о состоянии и развитии системы образования Республики Казахстан*（*по итогам 2018 года*），Нур-Султан：Министерство образования и науки Республики Казахстан, АО «Информационно-аналитический центр», 2019, стр. 40.

到 5961370.7 万坚戈。[①] 与经合组织成员国相比，这一比例低于其平均水平（平均水平为 5%）。尽管全部人口用于教育的名义支出（номинальные расходы населения на образование）额度有所增加，但其在总开支中所占的比例依然在下降。从 2012—2018 年人口支出增加了 1.6 倍。[②] 然而，教育支出的增长并不那么显著。在此期间，人口的教育支出增加了 1.4 倍。2012 年的教育支出占总支出的比例为 3.88%，但在 2018 年，支出比例降至 2.76%。这一趋势在城市和农村都很普遍。2012 年，城市用于教育的支出比例为 3.78%，农村为 4.05%，而 2018 年分别下降到 2.96% 和 2.36%。在居民的教育支出总额中，近一半用于支付学前教育（27.5%）和高等教育（20.5%）。

三、劳动力市场

教育在让学生变成经济活动人口的过渡中发挥着关键作用。无论一个国家的经济环境如何，教育系统都将努力使学生具备劳动力市场所需的技能。2018 年的哈萨克斯坦失业人数共有 443644 人，失业率比经合组织成员国的平均值（5.9%）低 1.2 倍。[③] 在失业者当中，受过小学教育的城市居民所占比例最大（39.5%），而农村地区只有 8.8%。高等教育毕业生的失业率最低，城市居民占 3.9%，农村是 3%。

2017 年启动的"技术和职业教育全民免费"（Проект «Бесплатное ТиПО для всех»）项目成为哈萨克斯坦劳动力市场和教育领域之间积极互动的基础，并使 5 年来一直在缩减的技术和职业教育学生数量得以有效控

---

① 100 人民币兑换 5177.89 坚戈（2018 年 5 月 13 日）。

② М.Атанаева, М.Аманғазы, Г.Ногайбаева, *Национальный доклад о состоянии и развитии системы образования Республики Казахстан (по итогам 2018 года)*, Нур-Султан：Министерство образования и науки Республики Казахстан, АО «Информационно-аналитический центр», 2019, стр. 41-42.

③ М.Атанаева.*Национальный доклад о состоянии и развитии системы образования Республики Казахстан (по итогам 2018 года)*. Министерство образования и науки Республики Казахстан, АО «Информационно-аналитический центр». 2019：44-45.

制。① 哈萨克斯坦国家首脑提出，将 2019 年定为"哈萨克斯坦的青年之年"。希望在其框架下，哈萨克斯坦的年轻一代能够扩大自己的知识和技能范围，以适应迅速变化的世界现代化劳动力市场。

四、国际背景下的人力资本

人力资本是可持续增长和减贫的一个关键因素。独立后的短短 30 年当中，哈萨克斯坦教育取得了举世瞩目的成果，数百名学生在国际奥林匹克运动会和竞赛中获得金牌；作为"博拉沙克"总统计划的受益者，1.2 万名优秀学生获得了在世界最好的大学学习的机会。目前已有 14 万左右的哈萨克斯坦公民在外国的高等院校接受高等教育。② 哈萨克斯坦小学生在 2015—TIMSS 中的成绩已超过美国、英国、德国、加拿大、澳大利亚等国的国际平均水平和同龄人表现。2017 年 12 月 5 日公布了 PIRLS 研究 4 年级学生阅读和理解质量评估国际研究的结果，哈萨克斯坦首次参加并在 50 个国家中名列第 27 位。哈萨克斯坦在校学生的成绩为 536 分，与德国、加拿大和奥地利同龄人的成绩相似。出于对教育成就的认可，2017 年 5 月，哈萨克斯坦被邀请加入经济合作组织教育政策委员会。

在高等教育国际化框架内，国家在促进国际合作和提高国内高校在世界舞台上的知名度方面作出很多努力。哈萨克斯坦教育数字化方面呈现出积极的发展趋势。2016 年的世界经济论坛网络准备指数（Networked Readiness Index）显示，哈萨克斯坦在世界 139 个国家中的排名是 39 位。③

---

① Е.Нурланов, М.Аманғазы, Г.Ногайбаева, *Национальный доклад о состоянии и развитии системы образования Республики Казахстан*（*по итогам 2017 года*）, Астана：АО «ИАЦ», 2018, стр.19.

② С.Ирсалиев, А.Култуманова, Э.Тулеков, *Национальный доклад о состоянии и развитии системы образования Республики Казахстан 2016 год*, Астана：АО «Информационно-аналитический центр», 2017, стр.11-12.

③ Е.Нурланов, М.Аманғазы, Г.Ногайбаева, *Национальный доклад о состоянии и развитии системы образования Республики Казахстан*（*по итогам 2017 года*）, Астана：АО «ИАЦ», 2018, стр.20.

在 QS WUR 排行榜上，哈萨克斯坦的高等教育机构首次增加到 10 所。[①]
2018 年哈萨克斯坦大学在《泰晤士报高等教育》（*Times Higher Education*）
排行榜上首次亮相，获得的成就数据显示，哈萨克斯坦高等教育得到了国
际上的承认。

第二节　哈萨克斯坦教育发展的社会文化背景

　　教育本身既是文化的因素，同时也是文化传播的主要载体。文化的
传递依赖教育，教育的发展又基于文化的不断积累和丰富。哈萨克族是一
个古老的游牧民族，其丰富的传统文化多与游牧生活息息相关。民族文化
促进民族语言的发展，而语言是传统文化的重要组成部分。哈萨克族传统
文化依旧在与时代共同前进，而哈萨克语承载着哈萨克族厚重的历史积
淀，也蕴含着哈萨克族珍贵的民族记忆。

一、哈萨克斯坦教育的民族文化特征

　　维护国家独立和主权完整是哈萨克斯坦最大的国家利益，也是其在
文化领域实行改革的根本出发点。从 18 世纪初沙俄入侵哈萨克草原，到
19 世纪 60 年代完全把哈萨克斯坦纳入俄罗斯帝国版图，再成为苏联的加
盟共和国，哈萨克斯坦深受俄罗斯文化的影响。尤其是在苏联统治的近
70 年间，哈萨克族的文化传统受到极大的冲击。为了扩大哈萨克人的民
族和文化认同感，加强哈萨克族的主体民族地位，独立后的哈萨克斯坦政
府采取了提升哈萨克民族的政治地位、号召哈萨克族人回归历史祖国、确
立哈萨克语的国语地位、恢复民族的传统节日、改写俄语命名的城市和街
道以及提高伊斯兰教的地位等措施。

　　哈萨克斯坦文化本身存在多样性，由哈萨克文化、伊斯兰文化、突

---

① М.Атанаева.*Национальный доклад о состоянии и развитии системы образования Республики Казахстан（по итогам 2018 года）*.Министерство образования и науки Республики Казахстан，АО «Информационно-аналитический центр».，2019，стр.21.

厥文化和俄罗斯文化四个文化板块组成。民族的多元化伴随着文化的多元化。哈萨克斯坦境内的大部分民族都是苏联各加盟共和国的主体民族，各民族对其本民族的语言文化都有着极强的民族认同感。尊重民族语言文化自由选择权的基础上，国家保证了多元文化价值观的共存，促进了民族和谐和社会稳定。哈萨克斯坦独立之初，纳扎尔巴耶夫总统提出要发展多元的民族文化，构建哈萨克斯坦统一文化模式，以应对独立后国内民族矛盾和冲突加剧的客观现实。

在复兴主体文化的同时，哈萨克斯坦把自己置身于不同的文化空间中，充分利用历史过程中所形成的与其他国家和民族之间的文化联系，推行全方位的外交政策，追求不同文化圈中的利益最大化与合作共赢。哈萨克斯坦地处中亚，东西方文化在这里相互碰撞，多个民族相互融合。根据不同的历史文化和地缘政治因素，这里可分为斯拉夫文化圈、突厥—伊斯兰文化圈和亚洲文化圈。此外，西方文化对于哈萨克斯坦的影响也值得关注。面对全球化的挑战，哈萨克斯坦选择了积极应对的办法。在强化国家认同的基础上，提出了构建新型哈萨克斯坦爱国主义新概念，争取用国际化和现代化的理念为国家意识形态和经济社会发展注入新的活力。

二、哈萨克斯坦教育的语言文化特征

语言文化战略是哈萨克斯坦跻身世界 30 强发展战略的重要组成部分。语言是民族文化的重要组成部分，也是一个国家文化的外在显性元素。作为构建主权国家的核心要素之一的语言，在民族国家的兴起过程中发挥着重要作用。2012 年 12 月，纳扎尔巴耶夫总统在国情咨文《哈萨克斯坦—2050》中提出了"哈萨克语为主，三位一体"的语言政策。到 2020 年，哈萨克斯坦 95% 的国民要掌握哈萨克语，到 2025 年哈萨克语将成为社会各领域使用的主导语言和人们日常交流的语言。在推广哈萨克语的同时，学习俄语和英语得到了国家的支持和鼓励。①

---

① 赵常庆：《哈萨克斯坦的 2030/2050 战略——兼论哈萨克斯坦的跨越发展》，《新疆师范大学学报》2013 年第 3 期。

教育是文化传承的重要途径，学校教育则是其中的主要方式。在纳扎尔巴耶夫总统提出的"三语政策"构想（即，哈萨克语是国语，俄语是族际交际语，英语是顺利融入全球经济一体化的语言）中，三种语言都有各自的发展目标：巩固哈萨克语作为国语的地位，扩大其使用范围；保持俄语的社会文化功能，保证俄语在科技和教育领域的使用；修正英语教学大纲，提高英语教师的教学质量，培训能胜任用英语教授自然科学和数学等学科的师资力量，促进国际合作与文化交流。哈萨克斯坦《2011—2020年语言使用及发展国家纲要》提出，到2020年，掌握国语的中小学毕业生比例要达到100%，掌握国语的民众比例要达到95%，100%的国家机关公文处理要使用哈萨克语，成人掌握俄语的比重应为90%，掌握英语的民众比例应达到20%，掌握上述三种语言的民众比例应达到20%。[①]

实施"三语政策"的关键在于如何正确、有效地开展三语教育。顺应国家语言立法，从学前教育到中学教育、中等职业教育和高等教育各领域的三语教育，以及多民族语言学校的国语和俄语教育是哈萨克斯坦落实现有语言政策和把握国家语言文化发展走向的重要一环。整体看来，以哈萨克语为教学语言的学校学生人数已经超过以俄语为教学语言的学校。其中最为主要的原因就是推广国语哈萨克语的工作取得了成效，哈萨克族使用母语以及让子女接受母语教育的比例在上升。不论是哈萨克斯坦独立前后的双语教育，还是后出台的"三语政策"，俄语作为哈萨克斯坦重要的官方用语及族际交际语，有其重要的社会文化功能，依旧受到教育界的重视，尤其作为族际交际语来说，俄语肩负起了各民族交际的重要任务。在实施三语教育中，虽然俄语和哈萨克语都已经有了一定的教学基础，但英语教育对于目前的哈萨克斯坦教育界来说依然是任重而道远。早在2004年纳扎尔巴耶夫总统就提出，"为了提高国家、民族和经济的竞争力，新

---

① 田成鹏、海力古丽·尼牙孜：《哈萨克斯坦"三语政策"及其影响分析》，《新疆大学学报》2015年第1期。

一代哈萨克斯坦人必须要熟练掌握哈萨克语、俄语和英语。"2007 年，确定在 33 所学校开始实施"三语政策"。《2015—2020 路线图》（Дорожной картой на 2015—2020 годы）制定了所有教育层面逐步向三语教学转移的实施方法。三语教学在一些特殊教育机构（天才儿童学校、纳扎尔巴耶夫学校、创新教育理科中学等）首先获得成功。计划从 2019 年起将高年级的数理化课程用英语授课，为此需要培养出大批教师队伍。因此，高校增加了能用英语教授专业课的师范类专业大学生名额。①

多元开放的语言政策，不仅维护了哈萨克斯坦多民族之间的团结，还巩固了公民的国家认同感。以开放包容的心态看待外语，以自信的态度对待本国的语言文化，文化交流做到有来有往，这是哈萨克斯坦在全球化背景下的语言文化发展姿态。

---

① С.Ирсалиев, А.Култуманова, Э.Тулеков, «Национальный доклад о состоянии и развитии системы образования Республики Казахстан» 2016 год, Астана: АО «Информационно-аналитический центр», 2017, стр.218-219.

第二章 哈萨克斯坦教育发展的历史演进

每个国家的兴起必须建立在教育事业发展的基础上，而教育又是一个国家民族文化发展的一项重要指标。哈萨克斯坦是一个重视教育的国家，始终将自己的国民教育发展视为本国最核心的事务来看待。

第一节 沙皇时期的哈萨克斯坦教育

经过青铜器时代、部落联盟和早期形成的国家，直到公元 15 世纪，哈萨克人才建立了自己的民族国家——哈萨克汗国。[①]17 世纪初，沙皇俄国开始侵入哈萨克草原，到了 1860 年，沙俄已经完全征服了哈萨克汗国各部，在政治和军事上完全控制了哈萨克草原。这时的哈萨克斯坦国民教育是沙俄国家教育体系的一个组成部分。哈萨克斯坦的全民教育是沿着两条线进行的，一个是宗教教育，另一个是世俗教育。宗教教育的代表主要是用阿拉伯语教学的清真寺附设小学和伊斯兰宗教学校。伊斯兰宗教学校在宗教教育体系中具有极大的影响。这些学校一般设在清真寺附近，培养毛拉（宗教人士）和清真寺附设小学的教师。这些学员要学习伊斯兰教义。学习的内容是机械地背诵《古兰经》经文，还会接触到一些哲学、天文学、历史、医学等知识。这里的学生主要以男生为主。

---

① 赵常庆：《列国志·哈萨克斯坦》，社会科学文献出版社 2004 年版，第 26 页。

当时的世俗学校是在沙俄征服哈萨克斯坦后开办的，主要目的是为了通过世俗教育向哈萨克人民灌输忠诚于沙皇和俄国政府的思想，使其尽快俄罗斯化。世俗学校培养了一些为沙皇当局服务的官员、医生、教师和翻译。后来在詹基尔汗的倡议下，1841年第一所哈萨克人世俗学校开始教学，学生主要学习俄语、数学、地理、东方语言以及伊斯兰教义。1850年又开办了一所世俗学校，在其存在的19年间共培养了48人。① 著名的教育活动家、启蒙运动者伊普拉伊·阿尔丁萨林于1857年毕业于该校，此后他在哈萨克斯坦民族教育和启蒙运动历史上留下了深深的印记。19世纪后30年，该地区由政府出资陆续开办了一些初级教学机构，如专门学校、教区学校、不完全中学（旧俄，一般是四年制或六年制学校）和扫盲学校等。1901—1917年，哈萨克斯坦的学校教育事业取得了一定的进步，俄语初级教学机构的数量从1901年的700所上升到1916年的2389所，俄哈世俗学校从207所上升到600所；学生人数从1898年的29113人上升到1916年的164859人（不包括宗教学校）。据1897年的人口普查资料，当时在哈萨克斯坦居住的9—49岁居民中识字者仅占8.1%。由于当时的妇女地位低下以及伊斯兰教的传统等原因，大规模推广妇女教育面临着很大障碍。1887年在伊尔吉兹创办了一所妇女学校，1890—1896年间，在图尔盖、库斯塔奈、卡拉布塔克镇、阿克纠宾克城也陆续开办了一些俄罗斯哈萨克女子学校。到1896年，在女子学校就学的女生有211名，其中哈萨克族女生有70名。

在沙俄统治时期，在哈萨克斯坦教育事业发展过程中还出现过一些新教学法学校。"新教学法"运动出现于19世纪50—70年代，是由接受过欧洲教育的伏尔加河流域鞑靼知识分子发起的。该运动要求进行文化改良，用欧洲的教学方式改革宗教学校，将学校的音节教学法改为因素教学法，按照母语字母表进行教学，并在宗教学校中教授世俗科目。1905年

---

① 王培培：《哈萨克斯坦高等教育研究》，硕士学位论文，兰州大学政治学，2013年，第9—10页。

起首次出现采用新教学法的学校，从 1910 年开始学校数量变得越来越多。新教学法学校的任教老师大部分是鞑靼人，学校多设在大城市的中心地区，主要的教学任务是使用现代教学法给年轻一代教授现代社会生活中所必需的知识。

从沙皇时期的哈萨克斯坦国民教育总体状况来看，学校的数量无法满足哈萨克人民对教育的需求，仍有大部分哈萨克儿童失学。虽然当时存在过多种类型的学校，但宗教学校仍占据重要地位。与此同时，沙俄政府通过开办的世俗学校使俄罗斯文化得到了较为广泛的传播，让本地的很多人接触到了俄罗斯和欧洲文明。

第二节　苏联时期的哈萨克斯坦教育

在苏联时期，哈萨克斯坦教育事业得到迅速发展。十月革命的胜利为哈萨克斯坦的教育发展带来了前所未有的契机。教育的发展首先从扫盲开始。直到 20 世纪初，哈萨克斯坦地区的大部分人都不会读书写字。十月革命胜利后，开展全民扫盲，一些学校和成人教育培训机构也纷纷成立。20 世纪 30 年代末，哈萨克斯坦初步形成了从学龄前教育到高等教育较为完整的教育体系。到了 50 年代，实现了七年制教育的基本普及，60 年代普及了八年制教育，80 年代初期完成了中等教育的普及。70 年代末，哈萨克斯坦已有了几万所普通学校和三百多所专业技术学校。当时社会上普遍认识到妇女掌握必要文化知识的重大意义，学校开始招收哈萨克女童上学。

哈萨克斯坦居民的识字比例在 1970 年就已达到 99.7%。据 1989 年统计，每 1000 名就业人口中，具有高等和中等完全和不完全教育的人数为 925 人，其中具有高等教育程度的人数为 130 人。[①] 苏联时期的各类教育皆由国家创办和管理，学生享受免费教育。但在全国划一的管理模式下，

---

① 　叶玉华：《哈萨克斯坦现代教育体系的发展》，《外国教育研究》2003 年第 9 期。

哈萨克斯坦教育缺乏自己的特点。独立后的哈萨克斯坦共和国在改革国家政治经济体制的同时，在教育界也发生了较大变化。哈萨克斯坦的教育政策在保持苏联时期积累的优良教育经验的基础上不断发展新的教育模式，并为新模式的胜利进行予以了充分的法律保障，制定了一系列新的法律法规文件。

第三节　哈萨克斯坦的现行学制

学制是一个国家各级各类学校的系统及管理规则，它规定着各级各类学校的性质、任务、入学条件、修业年限以及它们之间的关系。根据《哈萨克斯坦教育法》第 12—14 条，哈萨克斯坦教育体系由学前教育、初等教育、基础中等教育、中等教育（普通中等教育、技术和职业教育）、中等后教育、高等教育和大学后教育组成。按照实施的教育大纲分类，哈萨克斯坦有普通教育、职业教育和补充教育计划三类。普通教育大纲内容分学前、初等、基础中等和普通中等教育计划。职业教育大纲内容分技术和职业教育、中等后教育、高等教育和大学后教育计划。补充教育大纲旨在为那些自定发展方向和创造目标的学习者提供条件，以实现其才能，适应社会生活，形成公民自觉性。

学制是一个国家各级各类学校构成的总体。根据哈萨克斯坦学前教育国家标准（2018 年），学前教育涵盖 1—7 岁的儿童，共分为六个阶段：早教班（1—2 岁）、一级小班（2—3 岁）、二级小班（3—4 岁）、中班（4—5 岁）、大班（5—6 岁）以及学前班（6—7 岁），其中早教班和一级小班属于托儿教育阶段，二级小班至学前班为学前教育阶段。2007 年最新版《教育法》规定，哈萨克斯坦的基础教育包括初等教育、基础中等教育和普通中等教育，均属于义务教育范畴。新版《教育法》正式从法律层面规定了基础教育阶段的学制从 11 年变为 12 年。根据哈萨克斯坦 2018 年修订的《普通教育国家标准》，初等教育为 1—4 年级，基础中等教育为 5—9 年级，普通中等教育为 10—12 年级，基础教育主要涵盖 6（7）—

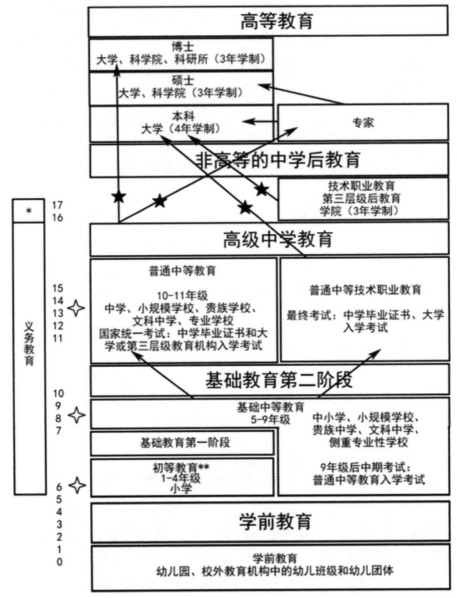

图 2-1　哈萨克斯坦现行学制图

资料来源：经济合作与发展组织官网。

18（19）岁的青少年。哈萨克斯坦的高等教育体制继承了苏联时期的学制，即大学本科 5 年，研究生 3 年，博士生 5 年或更长时间。因这种学制无法与国际接轨，哈萨克斯坦目前采用了欧盟的"博洛尼亚进程"，高等教育正在从两级学位（学士和硕士）向三级学位（学士、硕士、博士）过渡，学制分别是 4 年、2 年和 4—5 年。此外，在哈萨克斯坦高等教育体系中还有极少一部分专业依然保留着专家文凭教育。

初等教育　　中等教育　　　　　　高等教育

1–2–3–4—5–6–7–8–9□—10–11–12—○—1–2–3–4◇→学士

　　　　　　　　10–11　　　　　　1–2–3–4◇–5–6◇→硕士

　　　　　　　　10–11–12△→　　1–2–3–4–5◇→工程师等

　　　　　　　　10–11△→　　　1–2–3–4–5◇–6◇→硕士

　　　　　　　　　　　　　　　　1–2–3–4–5–6◇→医师

图 2–2　哈萨克斯坦各学习阶段获取学历证书与资格证书示意图①

　　学校教育制度的建立取决于这个国家的政治经济制度，同时也反映社会生产力发展水平和科学技术发展状况。学制的建立与完善在整个教育系统改革中占据非常重要的地位。每一次的教育系统改革都会带来学制的改革，同时每次的教育系统改革成效及其内在的缺点也同样会在由其催生的新学制中体现出来。独立以后，哈萨克斯坦的教育体制逐渐改变苏联时期的教育体制，慢慢向欧美教育体制靠拢。

---

① 杨恕：《中亚高等教育研究》，《中亚研究》2017 年第 1 期。

第三章　哈萨克斯坦学前教育

  哈萨克斯坦学前教育国家标准（2018 年）指明，学前教育是整个教育系统的基础，也是塑造儿童个性，决定儿童未来长远发展的基础。因而，学前教育的目的是为最大程度上开发儿童的个性潜力创造条件。哈萨克斯坦的学前教育涵盖 1—7 岁的儿童，共分为六个阶段：早教班（1—2 岁）、一级小班（2—3 岁）、二级小班（3—4 岁）、中班（4—5 岁）、大班（5—6 岁）以及学前班（6—7 岁）。其中早教班和一级小班属于托儿教育阶段，二级小班至学前班为学前教育阶段。①

  目前哈萨克斯坦的学前教育机构按照学习阶段可分为托儿所（ясли-сад）和幼儿园（детский сад）。按照功能可分为矫正型机构（дошкольные организации коррекционного типа）和混合型机构（дошкольные организации комбинированного типа），其中矫正型机构专门针对残疾儿童，包括托儿所和幼儿园。混合型机构则兼顾普通机构和矫正型机构的功能，同样包括托儿所和幼儿园，面向所有儿童开放。②

  苏联解体后，哈萨克斯坦的政治、经济等领域的混乱局面严重影响

---

① *Государственный общеобразовательный стандарт дошкольного воспитания и обучения*，2019 年 12 月 25 日，http：//kokshetau.aqmoedu.gov.kz/content/gosudarstvennyy-obscheobyazatelynyy-standartdoshkolynogo-vospitaniya-i。

② *Дошкольное образование в Республике Казахстан*，2019 年 12 月 25 日，https：//startinfo.kz/buisness/dojkolnoe。

到学前教育的发展，学前教育机构数量及在校生人数都大幅度减少。根据哈萨克斯坦1999年通过的《教育法》和2001年《教育法》制定并颁布的《哈萨克斯坦学前教育国家标准1.001—2001》（Государственный общеобязательный стандарт дошкольного воспитания и обучения PK-1.001—2001）从法律层面规范了学前教育领域。为了促进学前教育的发展，2005年哈萨克斯坦通过了《哈萨克斯坦教育发展2005—2010国家纲要》（Государственная программа развития образования в Республике Казахстан на 2005—2010 годы），并于2007年颁布了《2007—2011哈萨克斯坦儿童纲要》（Программа «Дети Казахстана» на 2007—2011 годы）。2010年，哈萨克斯坦颁布了《哈萨克斯坦教育发展2010—2020国家纲要》（Государственная программа развития образования в Республике Казахстан на 2011—2020 годы）。该纲要强调国家应该加强针对包括学前教育在内的所有教育领域的投资，并保障其发展质量。同年，时任哈萨克斯坦总统纳扎尔巴耶夫颁布了《保障学前儿童教育2010—2014"巴拉潘"计划》（"Балапан"）。该计划的颁布也成为哈萨克斯坦学前教育获得空前发展的起点。自此之后，哈萨克斯坦的学前教育机构数量及在校生人数均快速上升。

根据《哈萨克斯坦的学前教育国家规划纲要》的要求，未来哈萨克斯坦学前教育的发展将顺应世界潮流。到2020年，全国3—6岁儿童入园率将达到100%，大力发展政府和社会资本合作，加强对儿童发展结果进行科学评价，增加学前教育中特殊教师的比例等等。这些措施符合联合国所倡导的可持续发展全球目标之一的《高质量的教育》，即保证到2030年建立起完善的、高质量的和发展的学前教育培养体系，让所有的孩子都能做好接受基础教育的准备。

第一节　学前教育机构和规模

20世纪上半叶，哈萨克斯坦学前教育正式成为国家教育体系的组成部分。1917 年，哈萨克斯坦在阿拉木图成立了第一所幼儿平台（детская площадка），在校幼儿共 300 人。① 自此，哈萨克斯坦学前教育机构体系基本保持至 1991 年没有任何改变。

一、苏联时期学前教育规模持续增长

1917—1921 年，哈萨克斯坦学前教育机构数量急剧增多。在此期间内，全国共开设约 115 所幼儿园，仅在塞米巴拉金斯克州（Семипалатинск）就成立了 5 所幼儿园，其中两所分别接受穆斯林和犹太人，剩下 3 所针对俄罗斯儿童。此外，这一时期，哈萨克斯坦还在许多州开设了专门负责培训母亲正确照顾孩子方法的学前之家（дошкольные юрты）和学前图书馆，并进行"孩子的一周"活动。1922 年，哈萨克斯坦地区共开设了 22 所幼儿园和幼儿平台（детские площадки）。

截至 1940 年，哈萨克斯坦所有的州共运行 517 所学前教育机构，覆盖约 2.1 万名适龄儿童。② 学前教育机构持续增长，在卫国战争期间也毫不例外。1940—1945 年间，学前教育机构增加了 188 所。在 50 年代的生荒地开垦时期，伴随着劳动移民的增加，学前教育机构的建立也进入一个快速发展时期。

1960—1970 年，学前教育机构增加了三倍。同时哈萨克斯坦居民对学前教育的需求也在持续增加。这对保证儿童在早期阶段的平等发展非常有利。1970—1990 年间，哈萨克斯坦的学前教育机构数量及儿童数量达到增长高峰。在这近 20 年间，学前教育机构数量增加了 3903 所。③ 这一

① С.Ирсалиев，А.Култуманова & Э.Тулеков，*Национальный Доклад о Состоянии и Развитии Системы Образования Республики Казахстан*，Астана：АО «Информационно-аналитический центр»，2017，стр.89.

② В. Кудрявцев. *Предшкольное образование в Республике Казахстан：догоним и⋯*，2005 年 3 月 31 日，见 http：//tovievich.ru/book/inform/5586-predshkolnoe-obrazovanie-v-respublike-kazanhstan-dogonim-i.html。

③ С.Ирсалиев，А.Култуманова & Э.Тулеков，*Национальный Доклад о Состоянии и Развитии Системы Образования Республики Казахстан*，Астана：АО «Информационно-аналитический центр»，2017，стр.92.

趋势与大量女性参加社会生产紧密相关，接受学前教育的儿童数量也增加了近两倍。同时，这一时期哈萨克斯坦农村地区人口出现大幅度增加，提高了约21%。

二、苏联解体后的学前教育危机

1991年起，哈萨克斯坦独立后的困难首先体现在学前教育的水平上。国家的市场化进程导致的经济大滑坡也影响到学前教育的发展。苏联时代，哈萨克斯坦60%的幼儿园属于公立。苏联解体后，哈萨克斯坦由于经济危机大力减少社会公共基础设施。因此，在1992年至1996期间，社会公共基础设施的数量下降了三倍，其中哈萨克斯坦教育科学部下属幼儿园遭受的削减最少。自独立后至2000年期间，哈萨克斯坦的学前教育机构数量减少至原来的八分之一。其中，在北哈萨克斯坦州、阿拉木图州、科斯塔奈州、阿克莫拉州、东哈萨克斯坦州和江布尔州下降率超过90%，而且大部分出现在乡村地区。具体表现为：乡村地区的幼儿机构网减少了95%，其幼儿机构数量比城市幼儿机构数量少7倍。[1] 在1991年至1996年期间，哈萨克斯坦学前教育机构在校儿童数量下降了三分之二。学前教育机构的大幅度下降导致学前教育的普及率大幅度降低。仅0.1%的1岁儿童、7.7%的2岁儿童、11.6%的3岁儿童、14%的4岁儿童、15.3%的5岁儿童、8.9%的6岁儿童进入到学前教育机构学习。[2] 并且，以上数据仅来自于有支付学前教育能力的家庭，而这种家庭仅占全国的10%。

学前教育机构的减少对乡村地区影响甚大。1991年，哈萨克斯坦乡村地区幼儿园在园就读儿童数量是城市的三分之一，但到2000年，乡村地区幼儿园数量下降了95%，在园就读儿童数量只有城市的七分之一。

① С.Ирсалиев，А.Култуманова & Э.Тулеков，*Национальный Доклад о Состоянии и Развитии Системы Образования Республики Казахстан*，Астана：АО «Информационно-аналитический центр»，2017，стр.93.

② Т.Ж. Калдыбаева：*Социальные проблемы дошкольного образования в Казахстане*，2000年12月10日，见 http://ecsocman.hse.ru/data/664/974/1219/011.KALDYBAEVA. pdf。

幼儿园数量仅 177 所，城市为 912 所。20 世纪末，哈萨克斯坦取缔已存在的托儿所，甚至兼顾托儿所功能的幼儿园也遭受了最大程度的削减。截至 2000 年，哈萨克斯坦全国托儿所—幼儿园的数量下降了 11 倍，其中农村地区下降了 60 倍，城市地区下降了 5 倍。①

三、新世纪学前教育机构数量恢复与增长

1999 年，哈萨克斯坦通过修订的《教育法》②，将学前教育纳入普通教育领域。自此，哈萨克斯坦依旧成为中亚地区第一个以立法形式确定学前教育为免费义务教育的国家。在 2000 年初，学前教育已经成为哈萨克斯坦国家教育政策的重要方面之一，在学前教育领域开始实施《国家教育纲要》③以及政府令《关于保障教育机构网的国家标准》④。以上法律文件对于扩大哈萨克斯坦的学前教育普及率有非常重要的作用。同时，幼儿教育机构私有化过程开始出现。自 2000—2005 年，哈萨克斯坦的学前教育机构数量增加了 194 所，学前教师数量增加了 5.93 万人。自 2005—2009 年，学前教育机构数量增加了 3258 所。⑤

2009 年，哈萨克斯坦对私立及家庭幼儿园组织针对适龄学前儿童教育活动的标准进行了明确规定，并颁布了系列纲要《小学—幼儿园》

---

① С.Ирсалиев，А.Култуманова & Э.Тулеков，*Национальный Доклад о Состоянии и Развитии Системы Образования Республики Казахстан*，Астана：АО «Информационно-аналитический центр»，2017，стр. 95.

② Правительство РК：*Закон РК от 7 июня 1999 года NO.389-I Об образовании*，1999 年 7 月 20 日，见 https：//online.zakon.kz/Document/? doc_id=1013384。

③ Указ Президента РК No.448：*О государственной программе «Образование» от 30.09.2000г.* (утратил силу указом Президента РК N 1696 от 09.01.2006г.)，2000 年 9 月 30 日，见 https：//online.zakon.kz/document/? doc_id=1020023。

④ ПП РК N 300，*О гарантированном государственном нормативе сети организаций образования от 25.02.2000г.*，2003 年 10 月 20 日，见 https：//online.zakon.kz/document/? doc_id=1016903。

⑤ С.Ирсалиев，А.Култуманова & Э.Тулеков，*Национальный Доклад о Состоянии и Развитии Системы Образования Республики Казахстан*，Астана：АО «Информационно-аналитический центр»，2017，стр. 97.

（«школа-детский сад»）。此外，还成立了 78 个专门针对父母的矫正及特殊教育办公室、1106 个咨询中心点。2010 年，时任哈萨克斯坦总统纳扎尔巴耶夫颁布《保障学前儿童教育 2010—2014 "巴拉潘" 计划》（"Балапан"），该计划的颁布也成为哈萨克斯坦学前教育获得空前发展的起点。自此之后，哈萨克斯坦的学前教育机构数量从 2009 年度的 4568 所，增加至 2016 年的 9410 所，增长约两倍。[①] 其中，在南哈萨克斯坦州的学前教育机构数量增加约 4.2 倍，阿拉木图、阿斯塔纳、克孜勒奥尔达州及曼格斯套州增长约 2 倍。此外，乡村地区的增长速度明显高于城市。近 16 年来，乡村地区学前教育机构数量增加了 35 倍，城市地区为 3.5 倍。随着人口状况的改善，哈萨克斯坦学前教育机构待入学儿童的数量在 10 年内增长了 4 倍，从 13.2 万人增加到 54.4 万人。这一良好状况在近 4 年内持续稳定保持。

政府积极兴办新的学前教育机构，优化学前教育网络。2016 年，政府取缔了 236 所不合格的中小学附属迷你中心（мини-центры）和私立学前机构，它们共承担 9155 学额。[②] 尽管如此，2016 年，哈萨克斯坦在学前教育领域仍新增了 72004 学额，其中有 67078 学额位于新建的 810 所学前教育机构中，4926 学额在现有机构中增加。这一数据比 2015 年增加了 1.6 倍。由于需求量的不同，新开设学前教育机构数量最多的地区为南哈萨克斯坦州、阿拉木图州及州首府阿拉木图。

因此，哈萨克斯坦 2016 年的学前教育机构数量达到并超过历史最高值，即 1991 年度的 8881 所，同 2000 年的 1089 所相比，增加了 8321 所。（具体可见图 3-1）这种增长速度被 OECD 认为是空前未有的。

① С.Ирсалиев，А.Култуманова & Э.Тулеков，*Национальный Доклад о Состоянии и Развитии Системы Образования Республики Казахстан*，Астана：АО «Информационно-аналитический центр»，2017，стр. 97.

② С.Ирсалиев，А.Култуманова & Э.Тулеков，*Национальный Доклад о Состоянии и Развитии Системы Образования Республики Казахстан*，Астана：АО «Информационно-аналитический центр»，2017，стр. 103.

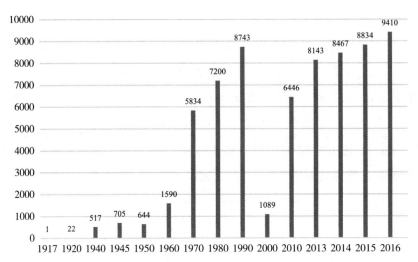

图 3-1　1917—2016 年哈萨克斯坦学前教育机构数量图（单位：所）

资料来源：哈萨克斯坦教育与科学部官网。

四、新时期学前教育机构类型多样化

学前教育机构的发展除了体现在数量方面，还体现在机构类型多样化方面。

1. 新型低耗模式的学前教育机构获得长足发展：迷你中心（мини-центры）和儿童短期托送班（группы кратковременного пребывания детей）。哈萨克斯坦自 2004 年开始建立全日制或半日制迷你中心，以此作为学前机构、校外机构以及中等教育机构的分支机构。迷你中心以其充分的灵活性缓解了普通学前教育机构的压力。该中心按照灵活的机制运行：每周 2—7 次，每天 2—10 小时。自 2005—2016 年，迷你中心增加了近 25 倍。根据 2008—2015 年（包含 2015 年）的统计数据，迷你中心占学前教育机构的比例已经超过幼儿园，仅 2016 年幼儿园的比例略占上风。①（具体见图 3-2）

乡村地区的迷你中心数量比城市地区高四倍多，这是由于迷你中心

---

① С.Ирсалиев，А.Култуманова & Э.Тулеков，*Национальный Доклад о Состоянии и Развитии Системы Образования Республики Казахстан*，Астана：АО «Информационно-аналитический центр»，2017，стр. 99.

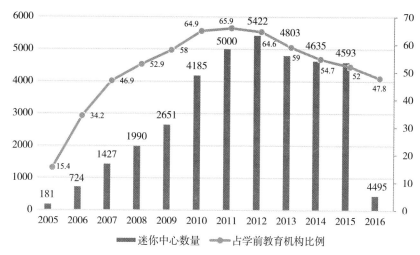

图 3–2　迷你中心的数量及其占学前教育机构的比例图

资料来源：哈萨克斯坦教育与科学部官网。

的优势在人口较少地区所体现的经济优势更加明显。迷你中心的建立在一定程度上提高了适龄儿童接受学前教育的比例。

2. 私立学前教育机构增多。目前全球私立学前教育机构占比为 31%，比 1999 年增加了 3%。在哈萨克斯坦，这一比例为 24.8%，比 1999 年增加了 8.6%。[①] 具体私立学前教育机构数量变化见图 3–3。这一比例的增加很大程度上依赖于政府和社会资本合作。哈萨克斯坦前总统纳扎尔巴耶夫曾不止一次地强调政府和社会资本合作的重要性。[②] 他指出，政府和企业应当合作共同解决重要的社会问题，并提出截止到2020年，应当保证3—6 岁儿童百分之百接受学前教育。

3. 政府和社会资本合作成为哈萨克斯坦学前教育发展的主要途径。近 10 年来，哈萨克斯坦政府大力支持与社会资本合作发展学前教育，比

---

① С.Ирсалиев，А.Култуманова & Э.Тулеков，*Национальный Доклад о Состоянии и Развитии Системы Образования Республики Казахстан*，Астана：АО «Информационно-аналитический центр»，2017，стр. 104.

② Послание Президента РК Н.А. Назарбаева народу Казахстана，*Третья модернизация Казахстана*：глобальная конкурентоспособность，2017 年 1 月 31 日，见 http://www.akorda.kz/ru。

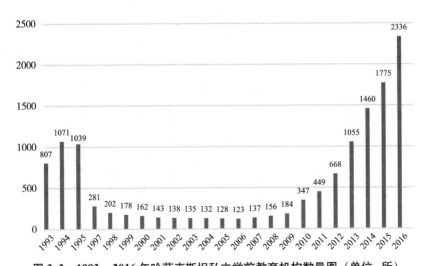

图 3-3　1993—2016 年哈萨克斯坦私立学前教育机构数量图（单位：所）

资料来源：1991—2004 年的数据来自哈萨克斯坦国家统计局，2005—2016 年的数据来自哈萨克斯坦教育与科学部。

如取消许可证制度、简化标准制定、将部分国家公费名额分配给社会资本等等。仅在 2016 年，基于政府和社会合作资本共开设了 29 所学前教育机构，其中数量最多的是阿克莫拉州。近 10 年来，哈萨克斯坦的私人幼儿园增加了 19 倍，从开始的 123 所增加到 2336 所。

4.疗养幼儿园和特殊幼儿园得到发展。保障和增强儿童的健康是学前教育阶段的重要任务。苏联解体后，哈萨克斯坦经历了近 10 年经济滑坡、社会动荡的不稳定时期。尽管如此，国家仍然维护已有的疗养及特殊幼儿园，并在此基础上大力推动其发展。因此，哈萨克斯坦独立后，疗养幼儿园的数量增加了 34%，其中此类幼儿园数量最多的位于克孜勒奥尔达州，这与当地更加适宜的生态环境紧密相关。

当前，在学前教育阶段大力发展全纳教育是哈萨克斯坦教育领域的重点任务。可以说，加强儿童的健康保障更加有利于发现儿童在发展过程中可能会出现的各种失调情况。根据哈萨克斯坦保健部的资料，具有特殊教育需求的儿童数量在 2016 年达到 40018 人，比 2015 年增加了 4877 人。2016 年，在哈萨克斯坦共有 495 所幼儿园为特殊儿童创立了学习的特殊环境，在其中的 191 所机构中创建了专门的特殊班级。从全国来看，接受学前教育的特殊儿童占比为 35%。[①]

5. 国语幼儿园增多。在学前教育阶段增加用国语授课是哈萨克斯坦促进本国现代化的重要趋势。这一阶段的哈萨克族儿童占比为 76.3%。早在苏联时代，政府便支持倡导开设民族幼儿园。到 1991 年，使用国语授课的幼儿园数量达到 2237 所，占比为 25%，共涵盖 182478 个儿童。这一数量在苏联解体后快速下降，直到 2000 年下降了近 1 倍。随后，随着哈萨克斯坦政府一系列政策文件的颁布，这一数量开始逐渐回升。到 2016 年，哈萨克斯坦使用国语授课的幼儿园比 1991 年增加了 2.7 倍，儿童入学率同 1991 年比增加了 2.3 倍。[②]

第二节 儿童入学率

接受良好的学前教育是儿童未来顺利继续学业的重要前提。学前教育普及率是衡量学前教育发展的一个重要指标。哈萨克斯坦在 1990 年 1—6 岁儿童入学率达到 51%。由于苏联解体，国家对学前教育机构进行了强制性优化。自 1991 年开始，哈萨克斯坦许多学前教育机构倒闭，接受过学前教育的儿童大幅度下降。1996 年的 1—6 岁儿童入学率下降到 20%，2000 年降低到 10%。[③] 具体见图 3-4。在 1995—1999 年，大量儿童未接受学前教育也并未达到一定的发展高度便直接进入中小学阶段。

为此，哈萨克斯坦将提高学前教育普及率作为国家政策的优先发展

---

① С.Ирсалиев，А.Култуманова & Э.Тулеков，*Национальный Доклад о Состоянии и Развитии Системы Образования Республики Казахстан*，Астана：АО «Информационно-аналитический центр»，2017，стр. 108.

② С.Ирсалиев，А.Култуманова & Э.Тулеков，*Национальный Доклад о Состоянии и Развитии Системы Образования Республики Казахстан*，Астана：АО «Информационно-аналитический центр»，2017，стр. 106.

③ С.Ирсалиев，А.Култуманова & Э.Тулеков，*Национальный Доклад о Состоянии и Развитии Системы Образования Республики Казахстан*，Астана：АО «Информационно-аналитический центр»，2017，стр. 110.

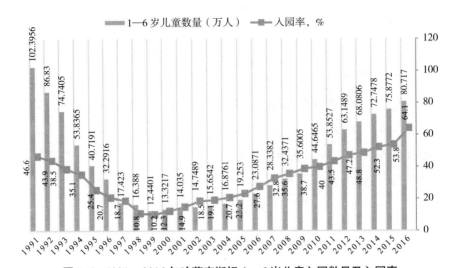

图 3-4　1991—2016 年哈萨克斯坦 1—6 岁儿童入园数量及入园率

资料来源：1991—2004 年来自哈萨克斯坦统计局，2005—2016 年来自哈萨克斯坦教育与科学部。

方面实施了一系列有效措施，其中以学前班（предшкольные классы）或学前小组（предшкольные группы）为主要形式的义务学前培养成为哈萨克斯坦在教育政策方面重要的成就之一，哈萨克斯坦也成为独联体国家中唯一一个从法律上确定儿童接受学前培养权利的国家。

1999 年，在哈萨克斯坦开始实行针对 5—6 岁儿童的强制学前班制度。哈萨克斯坦也成为中亚地区第一个将一年的学前班制度视为义务学前教育的国家。学习时长为 1 年的学前班大部分附属于小学开设，也有直接在学前教育机构中开设。在公立幼儿园或者小学中开设的学前班接受国家财政支持。因此，1999 年首次开设了 6500 个学前班，容纳了近 1.3 万名 5—6 岁儿童学习。[①]

除学前班外，哈萨克斯坦还开设约 3000 所学前小组，容纳近 7 万儿童。因此在 2000—2001 学年，有 50% 的小学入学新生接受过学前教育，

---

① С.Ирсалиев，А.Култуманова & Э.Тулеков，*Национальный Доклад о Состоянии и Развитии Системы Образования Республики Казахстан*，Астана：АО «Информационно-аналитический центр»，2017，стр. 117.

而这一比例在 1999 年仅为 20%。这一良好趋势更多表现在科斯塔奈州、曼格斯套州、巴甫洛达尔州、北哈萨克斯坦州、南哈萨克斯坦州和东哈萨克斯坦州。在这些州有 60%—80% 的小学新生接受过学前教育。[①] 基本上到 2014—2015 年的时候，哈萨克斯坦几乎已经实现了学前教育完全化。自 2005—2016 年，哈萨克斯坦的 3—6 岁儿童入园率增加了 61%。[②] 其中在全国五个地区达到 100% 入园率，分别是东哈萨克斯坦州、西哈萨克斯坦州、科斯塔奈州、巴甫洛达尔州以及北哈萨克斯坦州。

同芬兰、挪威和瑞典一样，哈萨克斯坦是全世界少数实行义务学前教育的国家之一。2014 年，"学前教育总入学率"被纳入人类发展指数中的教育部分，这使得国际社会开始重点关注学前教育。2016 年，共有 188 个国家参加了"学前教育总入学率"的排名，哈萨克斯坦排名第 108 位。2015 年，联合国教科文组织在其权威报告《2000—2015 年全民教育：成就与挑战》中指出，哈萨克斯坦学前教育的儿童覆盖率得到显著提升。2016 年，哈萨克斯坦 1—6 岁儿童入学率出现增长高峰，与上一年相比，增加了近 10.3%，达到 64.5%。[③] 尽管如此，接受学前教育的儿童数量仍未达到 1991 年的水平。

学前教育率与国家内部移民进程有直接关系。城市接受学前教育的儿童数量高是城市化进程的直接结果。伴随着人口变化和移民进程，哈萨克斯坦在独立后一段时期内城乡学前教育入学率差别较大。由于人口出生率下降、农村地区失业率增加、经济危机等一系列问题导致乡村地区学前

---

①　*Выступление Директора Департамента общего среднего образования МОН РК Р. Жумабековой на заседании Национальной комиссии по делам семьи и женщин*, 1999г., 2019 年 12 月 21 日，见 https：//online.zakon.kz/m/document? doc_id=30044669.

②　С.Ирсалиев，А.Култуманова & Э.Тулеков，*Национальный Доклад о Состоянии и Развитии Системы Образования Республики Казахстан*，Астана：АО «Информационно-аналитический центр»，2017，стр. 113.

③　С.Ирсалиев，А.Култуманова & Э.Тулеков，*Национальный Доклад о Состоянии и Развитии Системы Образования Республики Казахстан*，Астана：АО «Информационно-аналитический центр»，2017，стр. 109.

教育机构入学率下降了8倍。随后，哈萨克斯坦政府开始重点关注学前教育的发展，2005年以后的乡村地区学前教育入学率提高了6倍。（具体见图3-5）

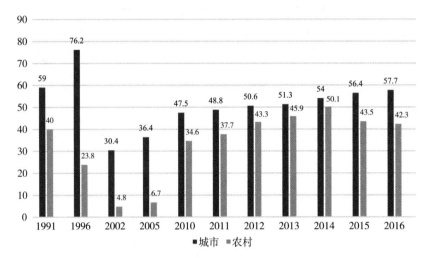

图3-5 1991—2016年城乡学前教育入园率（单位：%）

资料来源：哈萨克斯坦教育与科学部。

尽管哈萨克斯坦乡村地区的学前教育机构数量比城市地区更多，但其儿童入学率却更低。2016年，有超过一半的儿童（57.7%）在3261所城市的学前教育机构接受教育，其中有88.8%的儿童在2428所幼儿园学习，剩下的11.2%的儿童在迷你中心，而仅有少于15.4%的儿童进入了6149所乡村学前教育机构中学习。59.6%的乡村学前教育机构为迷你中心，有34.5%的儿童进入学习，剩下的40.4%的幼儿园则容纳了余下的65.5%的儿童。①

哈萨克斯坦不同地区的学前教育对1—6岁的儿童覆盖率也有所不同。2001年覆盖率最高的城市是阿斯塔纳市和阿拉木图市。自此之后到2010年，各地区的覆盖率逐渐大幅度提升。科斯塔奈州、阿克纠宾斯克州以及

---

① С.Ирсалиев，А.Култуманова & Э.Тулеков，*Национальный Доклад о Состоянии и Развитии Системы Образования Республики Казахстан*，Астана：АО «Информационно-аналитический центр»，2017，стр. 111.

卡拉干达州跃居前列，1—6 岁儿童入学覆盖率超过 80%，剩下超过一半的地区将儿童入学覆盖率提高了两倍，但仍未达到 50%。①2016 年，哈萨克斯坦全国有 10 个地区的 1—6 岁儿童入学覆盖率超过 60%。由于哈萨克斯坦将首都从阿拉木图迁到阿斯塔纳，从而导致大量其他地区的移民流入以及人口出生率大幅度上升，这也增加了阿斯塔纳地区学前教育机构的压力，1—6 岁儿童入学覆盖率最低，仅为 51%。

OECD 成员国将 3 岁以上儿童接受学前教育视为儿童未来接受进一步教育的重要阶段。在大多数 OECD 国家 3—5 岁儿童的入学率达到 90%。《哈萨克斯坦教育发展国家纲要》（《ГПРОН》）将截止到 2020 年 3—6 岁儿童入学覆盖率为 100% 视为重要战略目标之一。近十几年来，哈萨克斯坦的这一指标提高了 3.5 倍。

2016 年，哈萨克斯坦全国共有五个地区达到了 3—6 岁儿童入学全覆盖，分别是北哈萨克斯坦州、西哈萨克斯坦州、东哈萨克斯坦州、科斯塔奈州和巴甫洛达尔州。但由于每年持续增长的出生率和人口密度，南哈萨克斯坦州面临的提高儿童入学率的情况更加严峻。

儿童入学的优先权问题和如何获得学前教育席位的问题在哈萨克斯坦仍然很重要。哈萨克斯坦教科部针对安排儿童按顺序进入学前教育机构制定了国家教育服务标准。预计到未来，父母计划为孩子选择学前教育的过程也会完全自动化。

第三节　教育标准与内容

学前教育旨在全面发展孩子的个性，并为儿童进入学校学习提供充足准备。哈萨克斯坦学前组织的教育过程是根据"幼儿园的标准教育计划"（1989 年）设计的。1992 年，哈萨克斯坦首次尝试制定国家方案，并

---

① С.Ирсалиев，А.Култуманова & Э.Тулеков，*Национальный Доклад о Состоянии и Развитии Системы Образования Республики Казахстан*，Астана：АО «Информационно-аналитический центр»，2017，стр. 112.

于 1996 年在以阿尔特恩萨林（Ы. Алтынсарина）命名的教育研究所的学前教育实验室中开发了《Balbbek 计划》（Программа Балбобек）并引入教育过程。该计划基于哈萨克人的民族价值观而制定，其主要优势是基于主题原则、一体化原则来进行课程教学活动。

1999 年，哈萨克斯坦政府制定义务学前班政策，并在此基础上卫生部、教育部和体育部与塞米州立大学的教授共同制定了《针对在校情况下 6—7 岁儿童进行学前班教育的一般教育计划》。与此同时，阿拉木图制定了《在学前机构中对 5—7 岁儿童进行学前培训的计划》。以阿尔特恩萨林命名的哈萨克斯坦教育科学院教育委员会批准并建议实施学前班计划。这两个方案都涵盖了儿童在进入小学前的教育内容。但是，由于缺乏统一的教育标准，这些计划均具有独特的区域特征。

2000 年，哈萨克斯坦开始尝试制定国家教育标准。哈萨克斯坦共和国第一代《国家普通义务教育标准 1.00—2001 学前教育》于 2001 年获得批准。第一代学前教育国家教育标准的出台从国家层面规定了儿童入学前应掌握的知识内容及水平。

第一代《学前教育国家标准》以规范性文件的形式规定了学前班和学前小组的基础教学大纲（Базисный учебный план），确立了学前培养的内容和结构以及按活动类型划分的最大程度的学习量。这一基础教学大纲成为各个教学机构制定工作计划的标准。

随后，2004 年哈萨克斯坦制定了《针对 1—6 岁儿童的学前教育普通教育计划的基本内容》，主要包括各类促进儿童发展的游戏活动、数学建模活动等，还包括各类知识，比如自然科学知识、生态环境发展的知识等。2005 年，为了建立全国学前儿童科学实践中心，哈萨克斯坦开始制定统一的学前教育发展战略，进一步为学前教育提供科学方法的支持。

为准备过渡到 12 年制教育，2007 年哈萨克斯坦制定了一项以培养教育促进学前儿童发展为目的的"凯纳尔"（Кайнар）计划。该计划的主要任务是促进学前儿童的创造性发展。同年，哈萨克斯坦还针对各种迷你中心制定了"卡尔雷噶什"（Карлыгаш）综合计划。

为了满足 12 年制义务教育的新要求，2008 年，哈萨克斯坦与联合国教科文组织专家和外国专家合作制定了新的《学前教育国家义务教育标准 1.001—2009》。该标准首次在五个教育领域（健康、认知、交流、创造力、足球）中确定了关键能力的概念，还确定了能力发展的三个条件水平：从行动的再现到对所学知识的理解再到对所学知识的应用。在此基础上，各中心则制定针对不同年龄层次儿童的教育计划。

经过多年的发展，哈萨克斯坦学前教育的内容已经得到实质性更新。现有内容更加注重儿童的个体、情感和认知发展，同时还引入道德和精神教育的"自我理解"计划，也更加重视吸引父母参与到幼儿的发展中。但是，在《学前教育标准 1.001—2009》中不包括学前班教育，即该标准中没有对儿童入学准备提出相应的要求。2012 年，哈萨克斯坦重新制定《学前教育国家义务教育标准》。在这一标准中提出了学前教育阶段毕业生模型，但是仍未指出每个年龄阶段应掌握的能力水平，也无法对儿童基本技能的形成进行评估。

2016 年，由于中小学教育内容更新，哈萨克斯坦再次更新了《学前教育国家义务教育标准》，并从中规定了学龄前儿童入学需达到的水平要求。依据此标准，哈萨克斯坦制定了《学前教育标准教育大纲》[1] 和《学前班教育大纲》。这两个大纲的制定依据是学前教育和小学教育相融合的连续性原则，在全国范围内提出了"永远的家乡"（"Mugilik el"）全民爱国的思想，即培养儿童对祖国、家庭和周围人的爱，促进儿童精神和道德价值观的养成。这两个大纲还注重对儿童的社会心理、个人、意志、身体和智力方面的培训，重点是促进儿童沟通技巧的形成、培养儿童认知和社会动机、培养儿童获取知识的兴趣。这两个大纲于 2016 年 9 月被引入学前教育机构的教育过程中。自此，哈萨克斯坦学前教育的发展迈出了重要的一步。

---

① Приказ и.о. МОН РК NO.499 *«Об утверждении Типовой учебной программы дошкольного воспитания и обучения» от 12.08.2016г.*，2019-11-23，https：//online. zakon.kz/Document/？ doc_id=37073768.

第四节　资金保障

同世界大多数国家一样，哈萨克斯坦的学前教育资金来源也主要是国家财政拨款，学前教育机构数量的增加也主要是依靠国家财政投入得以实现。21 世纪初，哈萨克斯坦的学前教育支出没有超过 50 亿坚戈，而在 2001—2016 年间，国家在学前教育领域的财政支持增加了 54 倍。[①]

在独立后的头几年，哈萨克斯坦学前教育经费大量减少。自 1997—2003 年，学前教育支出在教育总支出中所占的份额下降了 2 倍。伴随着幼儿园数量骤减的同时，儿童入学率也大大降低。此外，大量高水平教师外流。但是，自 2003—2016 年，资金筹措方面的情况逐渐改善，学前教育支出在教育总支出中所占的份额增加了 4 倍。[②]（具体可见图 3-6）

《哈萨克斯坦共和国 2005—2010 年国家教育发展计划》的顺利实施以及国家元首倡议的《巴拉潘计划》（«Балапан»）的颁布使得国家学前教育体系逐渐恢复。国家财政预算第一次有针对性地分配给地方权力机构，以此直接实现国家对所有形式的学前教育机构的管理。国家法令计划为 8.97 万名儿童提供服务。《巴拉潘计划》实施的第一年，儿童覆盖率从 37% 增加到 41.6%。在 2001—2015 年间，学前教育支出占 GDP 的比重增长了 0.5%，从 2001 年的 0.1% 增长至 2015 年的 0.6%。[③]哈萨克斯坦的这一指标可与澳大利亚相提并论。但国际专家指出："学前教育的费用至

[①]　С.Ирсалиев，А.Култуманова，Э.Тулеков，*«Национальный Доклад о Состоянии и Развитии Системы Образования Республики Казахстан» 2016 год*，Астана：АО «Информационно-аналитический центр»，2017，стр. 148.

[②]　С.Ирсалиев，А.Култуманова，Э.Тулеков，*«Национальный Доклад о Состоянии и Развитии Системы Образования Республики Казахстан» 2016 год*，Астана：АО «Информационно-аналитический центр»，2017，стр. 146.

[③]　С.Ирсалиев，А.Култуманова & Э.Тулеков，*Национальный Доклад о Состоянии и Развитии Системы Образования Республики Казахстан*，Астана：АО «Информационно-аналитический центр»，2017，стр. 147.

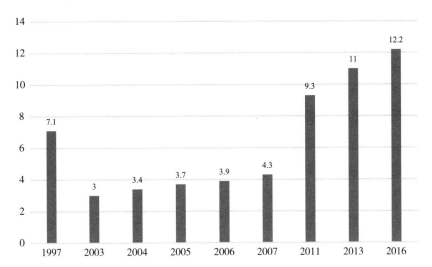

图 3-6　1997—2016 年哈萨克斯坦学前教育支出占教育总支出的比例变化图（单位：%）
资料来源：1997—2004 年来自联合国和 OECD 统计数据，2005—2016 年来自哈萨克斯坦教
科部。

少应占 GDP 的 1%。"① 目前在 OECD 成员国中只有俄罗斯、芬兰、智利、斯洛文尼亚、西班牙、瑞士和挪威做到了这一点。

此外，国家针对儿童个体的财政支出也呈现了积极的上升趋势，所有儿童在学前教育阶段超过 70% 的费用由国家承担。在过去的 10 年中，这个数字增加了 4 倍，而家庭承担的 5%—10%，依据地区具体经济情况而定。家庭所承担的费用主要用于保障孩子的营养。但是，尽管哈萨克斯坦国家财政对每个儿童的学前教育支出数额在逐年递增，但仍低于 OECD 成员国每年 8618 美元的平均水平。

按照国家义务教育的范畴，国家应当在国家义务教育标准的框架内支付每个孩子目前的学前教育费用。2016 年，哈萨克斯坦修订了国家在学前教育领域的财政拨款规则。在新规则中，国家财政不直接拨款到学生实际住宿费用，而是将资金直接拨给机构，使其用于维护各项住房设施建

① NUICEF：*The child care transition*：*A league table of early childhood education and care in economically advanced countries*，2008 年 12 月 11 日，见 https://www.unicef-irc.org/publications/507-the-child-care-transition-a-league-table-of-early-childhood-education-and-care-in.html。

设以及发放员工工资。

国家对学前教育领域的直接订购也增加了学前教育领域对于中小企业的吸引力。哈萨克斯坦通过特许协议支持学前教育领域的商业发展是有助于扩大学前教育机构网络，丰富学前教育多样性的。目前，哈萨克斯坦共有 14 个政府和社会资本合作形式的区域中心，以支持特许项目的开展。在立法层面上，这类项目的具体利益核算问题已经解决，例如不征收企业税、土地税率降低 10 倍、财产税按税基的 0.1% 计算等。[1] 此外，这类特许项目依靠国家预算培训私立幼儿园的教师。政府和社会资本合作形式的发展将使政府能够直接融资，以改善学前教育领域的服务质量。

儿童的早期发展是形成人力资本的基础，并具有最大的有利于经济增长的回报。对人的潜力的投资越早，发展的前景就越好。[2] 鉴于"投入—质量"的平衡，对学前教育的投资具有最高的投资回报率。在学前教育中投资 1 美元，比中学教育投资回报高 3 倍，比职业教育投资回报高 8 倍。此外，由于社会的进步，花费在矫正教育方面的资金更少、劳动生产率提高，税收增加以及犯罪率降低等原因，儿童早期发展的投资回报每年为 7%—10%。因此，对学前教育的投资是国家福祉的关键。

第五节　基础设施建设

幼儿园的基础设施无论对儿童的精神还是身体发展都有一定的影响，因此，完善幼儿园的基础设施是当前非常紧迫的任务。OECD 也曾指出哈萨克斯坦完善本国学前教育基础设施建设的必要性。"由于资源利用的不

---

① С.Ирсалиев，А.Култуманова & Э.Тулеков，*Национальный Доклад о Состоянии и Развитии Системы Образования Республики Казахстан*，Астана：АО «Информационно-аналитический центр»，2017，стр. 151.

② ПРООН：*Доклад о человеческом развитии 2014. Обеспечение устойчивого прогресса человечества：уменьшение уязвимости и формирование жизнестойкости*，2015 年 1 月 3 日，见 http://www.unic.ru/library/dokumenty-oon/doklad-o-chelovecheskom-razvitii-2014-obespechenie-ustoichivogo-progressa-chel。

和谐，许多学前教育机构的场地要么被空置，要么被低效率利用，比如音乐教室仅用于音乐课，没有最大化合理利用。而作为一个教育机构，则需要用很多场地来满足教育需求，因此就大大增加了基础设施成本。由于成本巨大，儿童发展的可能性被大大限制。"①

世界上许多国家都从法律层面规定了针对学前教育机构的最低要求。比如 OECD 成员国规定，幼儿园或者学前班每个孩子的平均室内空间为 2.9 平方米，托儿中心为 3.6 平方米。幼儿园建筑物外的面积为 7 平方米，托儿中心为 8.9 平方米（OECD，2012 年）。在哈萨克斯坦，对学前教育机构里每位儿童所占用的班级、娱乐和卧室的空间大小与 OECD 成员国的平均指标看齐。托儿所的班级面积为每 1 名儿童 2.5 平方米，学龄前儿童组的班级面积为 2.0 平方米。托儿所中 1 个孩子的卧室面积为 1.8 平方米，学龄前儿童组至少 2 平方米。

哈萨克斯坦于 90 年代削减学前教育机构的基础设施建设经费，或者将机构的基础设施另作他用。这些都直接影响了当前学前教育的物质基础设施配备情况，归还原来的幼儿园教学楼并对其进行改建的工作也一直在持续进行。因此，更新学前教育机构的物质技术基础设施仍旧是哈萨克斯坦需要解决的棘手问题。

当前，哈萨克斯坦学前教育机构的数量增加较快，其入学率提升的幅度也较大，但这些都远不能代表学前教育机构的物质技术基础设施的完善。自 2005—2016 年，拥有完善配备设施的幼儿园数量增加了 8 倍，其占比增加了两倍。其中，南哈萨克斯坦州、克孜勒奥尔达州和阿拉木图州更需要加强幼儿园的物质技术基础设施建设。

社会对于高质量学前教育的需求大大促进了配备设施完善的幼儿园数量的增长。从 2005 年开始，阿斯塔纳、阿拉木图市、曼格斯套州、东哈萨克斯坦州和南哈萨克斯坦州高配备设施的幼儿园数量增加超过 20 倍，

---

①　ОЭСР：*Обзор политики в дошкольном воспитании и обучении：Казахстан*，2018 年 12 月 1 日，见 https://www.oecd.org/education/policy-outlook/Education-Policy-Outlook-Country-Profile-Kazakhstan-2018-RU.pdf。

其中阿斯塔纳约 59 倍。[①]

大力建设新式幼儿园也促进了哈萨克斯坦标准幼儿园数量的增长。在 2000—2004 年幼儿园数量每年增长 12—14 所，增长速度约为 1%。在实行"巴拉潘"计划之后的五年内，哈萨克斯坦的标准幼儿园增加了 2.5 倍。自 2005—2016 年阿拉木图州用于幼儿园用途的标准建筑数量增加了 6 倍，从原来的 38 所增加到 260 所，南哈萨克斯坦州增加了 5 倍，曼格斯套州增加了 4 倍。总的来说，2016 年哈萨克斯坦共新建 2843 所标准幼儿园，但仍有 13 所幼儿园处于危房状态。[②]

近 10 年来，缺少热水供应的幼儿园数量减少了两倍。同时，缺乏自来水供应和独立供暖的幼儿园数量在增长。为了完善设备配备，国家开始在这类幼儿园中建设锅炉房，以此提供热水和暖气供应。这种需要完善设备的问题经常在乡村地区表现得更为突出。在乡村地区有比城市地区多 2.5 倍的幼儿园自带独立暖气，但是有 4.5 倍多的幼儿园缺少热水供应。缺少热水供应的幼儿园数量最多的为阿克纠宾斯克州，占比 44%，其次为南哈萨克斯坦州（40%），再次为西哈萨克斯坦州、东哈萨克斯坦州。这类幼儿园数量最少的是在首都阿斯塔纳市和阿拉木图市。

同 2005 年相比，使用外来用水的学前教育机构数量增加了 3 倍。情况最为严重的是南哈萨克斯坦州，有 310 所幼儿园需要使用外来用水，其次是克孜勒奥尔达州和阿克纠宾斯克州。在克孜勒奥尔达州和南哈萨克斯坦州的幼儿园还面临下水道系统缺失的局面，其中克孜勒奥尔达州有 271 所，南哈萨克斯坦州有 581 所。[③] 尽管南哈萨克斯坦州和克孜勒奥尔达州

① С.Ирсалиев, А.Култуманова & Э.Тулеков, *Национальный Доклад о Состоянии и Развитии Системы Образования Республики Казахстан*, Астана：АО «Информационно-аналитический центр», 2017, стр. 119.

② С.Ирсалиев, А.Култуманова & Э.Тулеков, *Национальный Доклад о Состоянии и Развитии Системы Образования Республики Казахстан*, Астана：АО «Информационно-аналитический центр», 2017, стр. 119.

③ С.Ирсалиев, А.Култуманова & Э.Тулеков, *Национальный Доклад о Состоянии и Развитии Системы Образования Республики Казахстан*, Астана：АО «Информационно-аналитический центр», 2017, стр. 121.

的地方财政对学前教育的投入巨大，但这些地区的幼儿园物质基础设施水平仍旧非常薄弱。

学前教育机构数量的增加直接要求对学前教育的架构和规划标准进行审查。在哈萨克斯坦共和国教育与科学部的倡议下，政府于 2015 年修订了哈萨克斯坦共和国国民经济部第 217 号令："关于批准卫生准则《针对学龄前儿童的教育和培训的卫生和流行病学要求》。"这项法令对在经过改建的场所（私人家庭）中实现学前教育功能的教育机构进行了约束。这将有助于实现哈萨克斯坦四个可持续发展目标之一，即"建立和更新考虑到儿童利益的教育机构，并确保有效的儿童发展环境"。[①]

同时，哈萨克斯坦的学前教育机构还需要在资源设备方面加强物质技术设施建设。2016 年，只有 10.5% 的幼儿园设有室内游泳池供儿童锻炼，62% 的幼儿园配备有体育馆，约 56% 的幼儿园配备有音乐和舞蹈教室。哈萨克斯坦平均每所幼儿园有 4 台计算机，其中公立幼儿园的可用计算机（14982 台）比私人幼儿园（4716 台）高出 3 倍。自 2013—2016 年，哈萨克斯坦拥有计算机的幼儿园比例增加了三分之一。尽管如此，仅有 31%（6383 所幼儿园）将其运用到教育过程中。[②] 在农村地区，计算机的可用性几乎比城市地区低 2 倍（分别为 6952 台和 12746 台）。这限制了农村教师的自我发展能力，大大降低了农村儿童的教育质量。

在过去的 4 年中，交互式白板的配备在哈萨克斯坦所有地区的幼儿园都得到显著增长。到 2016 年，交互式白板的配备率达到最高，其中阿斯塔纳（55%），阿拉木图市（47%），阿特劳州（45%）和曼格斯套州

---

① NUICEF：*The child care transition*：*A league table of early childhood education and care in economically advanced countries*，2008 年 12 月 11 日，见 https://www.unicef-irc.org/publications/507-the-child-care-transition-a-league-table-of-early-childhood-education-and-care-in.html。

② С.Ирсалиев，А.Култуманова & Э.Тулеков，*Национальный Доклад о Состоянии и Развитии Системы Образования Республики Казахстан*，Астана：АО «Информационно-аналитический центр»，2017，стр. 122.

（43%）的配备比例位于前列。①

总的来说，哈萨克斯坦近些年来在持续加强对于学前教育机构物质技术基础设施的建设。这也符合哈萨克斯坦"高质量教育"的可持续发展目标，即确保到 2030 年所有儿童均能接受高质量的学前教育。

第六节　教师队伍建设

学前教师的综合素质决定了儿童教育的质量水平。儿童的成长及其成就与教师的专业水平直接相关。因此，许多国家把重点放在提高学前教师的地位和专业发展上。

独立初期，学前教育机构的减少也同样反映在学前教育师资配备上。独立后头 10 年，学前教师人数减少了 6.3 倍，1999 年降到最低线，全国共有 14370 人。随着学前教育机构的增长，学前教师队伍在 2005 年增加了 1.3 倍，2010 年增加了 3 倍，2016 年增加了 6 倍。2016 年，学前教育教师人数与前一年相比增加了 4.9%。尽管在逐年增长，但仍未能达到 1991 年的教师数量（共 104662 人）。②（具体见图 3–7）

学前教师人数的减少对学前教育的师资水平产生了负面影响。在 1991—2000 年，受过高等教育的学前教师人数减少了 3.5 倍。然而从 2000 年后，学前教师所接受的教育水平呈现出积极的上升趋势。这得益于大学的学前教育专业课程的开放、教师培训学校的工作以及相应的教师培训课程。

学前教师的专业水平提升仍然是需要关注的重点问题。2016 年，只有 35%（29731）的教师接受了学前教育领域的专业培训，与 2015 年相比，

---

① С.Ирсалиев，А.Култуманова & Э.Тулеков，*Национальный Доклад о Состоянии и Развитии Системы Образования Республики Казахстан*，Астана：АО «Информационно-аналитический центр»，2017，стр. 124.

② С.Ирсалиев，А.Култуманова & Э.Тулеков，*Национальный Доклад о Состоянии и Развитии Системы Образования Республики Казахстан*，Астана：АО «Информационно-аналитический центр»，2017，стр. 126.

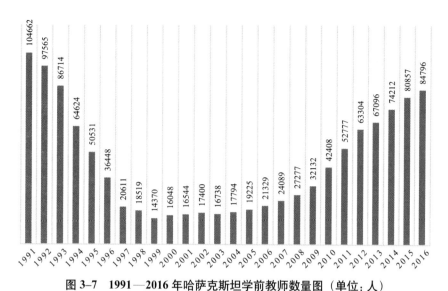

图 3-7　1991—2016 年哈萨克斯坦学前教师数量图（单位：人）

资料来源：1991—2004 年来自哈萨克斯坦统计局，2005—2016 年来自哈萨克斯坦教育与科学部。

未有明显变化。他们当中只有 43.5% 的人具有高等教育学历（12932 人），有 56.5% 的人（16799 人）具有技术和职业教育学历。

私立学前机构的教学人员占学前教师总数的四分之一（25.2%）。同时，私立机构教师的素质构成比国立机构的教师低 3—5 倍。[①] 其中，拥有高等教育学历的教师比例为 27.8%，拥有技术和职业教育学历的教师比例为 19.4%，拥有普通中等教育学历的比例为 35.4%。

随着学前教育机构的增加，哈萨克斯坦全国对于学前教师的需求大大增加。在此背景下，国家对学前教师的聘用标准降低。自 2002—2016 年，学前教育机构内无职称的教师数量大大增加，从 2000 年的 29.3% 增加到 2016 年的 55.7%。[②] 这一趋势表明，学前教师的综合水平在不断下降。

①　С.Ирсалиев，А.Култуманова & Э.Тулеков，*Национальный Доклад о Состоянии и Развитии Системы Образования Республики Казахстан*，Астана：АО «Информационно-аналитический центр»，2017，стр. 127.

②　С.Ирсалиев，А.Култуманова & Э.Тулеков，*Национальный Доклад о Состоянии и Развитии Системы Образования Республики Казахстан*，Астана：АО «Информационно-аналитический центр»，2017，стр. 129.

在来自巴甫洛达尔州、卡拉干达州、北哈萨克斯坦州和阿特劳州的学前教师中，超过 50% 的教师具有正式资格等级。而在南哈萨克斯坦州，教师的专业化在职培训速度落后于学前教育机构的增长速度，这也使得该州具有正式资格等级的学前教师比例大大落后于其他州。

　　向公众宣传学前教育的重要性有助于提高学前教师的职业地位。教师老龄化是许多国家正在面临的迫切问题之一。青年教师和达到退休年龄教师人数的不平衡反映了教师人员的缺乏及教师职业地位的低下。但在哈萨克斯坦，学前教师老龄化的问题在逐年改善。截止到 2016 年，哈萨克斯坦学前教育机构 40 岁以下教师占比 60%，其中有一半年龄不到 30 岁，①这一趋势表明哈萨克斯坦学前教师的年轻化。与此同时，这也说明经验丰富的教师数量在减少，政府和社会应当加强对学前教师的在职高级培训。比如，在南哈萨克斯坦州，教龄五年以下的教师人数是经验丰富的教师的 4 倍。这表明州政府需要加强对青年教师的指导培训，并为其提供高质量的专业支持。

　　在哈萨克斯坦学前教育发展的过程中，学前教师的职业发展体系承担了重要且特殊的角色。1996 年，哈萨克斯坦全国教育系统领导和科学教育人员高级培训学院（简称全国高级培训学院）兼并了自 1965 年成立的中央教师进修学院。2012 年，全国高级培训学院和 16 个地区继续教育学院改组为国家继续教育中心"乌尔雷"（НЦПК«Өрлеу»）。学前教育系统的所有教师、专家都可以依托该中心获得抚养和教育儿童方面的新方法。

　　提供广泛的教师培训，这是哈萨克斯坦学前教育的新内容，包括促进儿童早期发展的方法，儿童多语言能力提升的方法和全纳教育等，针对管理人员有职业能力的发展、创新活动的管理等。这类培训采用面向实践的形式，同时有国际著名专家参与。

---

① С.Ирсалиев，А.Култуманова & Э.Тулеков，*Национальный Доклад о Состоянии и Развитии Системы Образования Республики Казахстан*，Астана：АО «Информационно-аналитический центр»，2017，стр. 132.

2016 年，"乌尔雷"中心共培训了 7600 名学前教师，其中包括 576 位学前教育机构领导和 7024 名教职员工，非学前教育专业出身的教师也有机会接受在职专业培训（72 小时）。此外，私立学前教育机构的 6476 名教师也以缔结合同的形式参加了中心的继续教育课程。未来，私立机构的教师也有机会公费参与中心的在职培训。

近 16 年以来，哈萨克斯坦学前教育领域的教师数量增加了 5 倍，从 1.6 万人增加至 8.4 万人。2016 年，学前教师数量达到 84796 人，但这一数量仍远低于 1991 年的 104662 人。[①] 自 1991—2016 年，具有高等教育学历的学前教师数量增加了 44.2%，占学前教师总人数的 63.7%。与此同时，2016 年度在学前教育领域接受过职业培养的学前教师仅占 35%。2002—2016 年，拥有高等教育学历的学前教师数量下降了近一半。除教师老龄化问题之外，学龄前教师的高度女性化也是哈萨克斯坦当前学前教育体系中的紧迫问题之一。目前，哈萨克斯坦学前教育教师中有 97.4%（2014 年 97.9%，2015 年 99.1%）是女性。

总的来说，哈萨克斯坦学前教育在师资队伍建设方面遭遇了一系列问题，比如教师老龄化问题、高度女性化问题、职称问题、教师职业地位提升问题等等，为此国家自独立后便大力推动教师专业化建设及社会地位提升。

第七节　质量评估体系

哈萨克斯坦学前教育的评估体系主要包含质量、普及率和资源保障的评估。

[①] С.Ирсалиев，А.Култуманова & Э.Тулеков，*Национальный Доклад о Состоянии и Развитии Системы Образования Республики Казахстан*，Астана：АО «Информационно-аналитический центр»，2017，стр. 90.

一、学前教育的质量评估

在哈萨克斯坦仍然缺乏用于评估学前教育的国家统一定性指标。根据《哈萨克斯坦教育科学发展 2016—2019 国家纲要》，哈萨克斯坦在2017 年制定出质量指标来监测学前教育机构中儿童的技能水平，这一指标对于评估哈萨克斯坦学前教育的质量水平有重要意义。

除上述直接评估指标外，通过判定学前教育对儿童的学校教育影响也是评估学前教育质量的重要间接指标。例如，在哈萨克斯坦，未接受学前教育与接受学前教育超过一年的 15 岁学生参加 PISA–2015 的数学成绩差异为 32 分、阅读 39 分、自然科学 37 分。[①] 尤其在阿拉木图市，卡拉干达州和西哈萨克斯坦州，接受过一年以上学前教育的参与者显示出比未参加学前教育组织的同龄人更高的数学成绩，而阅读成绩和自然科学成绩则没有明显差别。

二、学前教育的普及率评估

2016 年，哈萨克斯坦接受学前教育的 3—6 岁儿童的覆盖率与 2015年相比增加了 4.2%，达到了 85.8%，其中 12 个地区的指标还高于全国平均水平（85.8%）。除南哈萨克斯坦州、卡拉甘达州和克孜勒达州以外，全国所有地区均显示该指标有所提高。

与 2015 年相比，2016 年提供短期托管的迷你中心所占学前教育机构的比例有所下降。在除阿斯塔纳和卡拉甘达州以外的所有地区均观察到这种趋势，其中在南哈萨克斯坦州、江布尔州和阿拉木图州的比例最低。

目前在哈萨克斯坦，保证所有儿童无一例外享受平等的学前教育机会仍是非常重要的议题。对于有特殊教育需求的儿童，国家应创建无障碍的教育和培训环境。2016 年，哈萨克斯坦全国平均 10% 的幼儿园创造了这样的条件，在该国的 9 个地区中该指标高于全国平均水平。

---

① С.Ирсалиев，А.Култуманова & Э.Тулеков，*Национальный Доклад о Состоянии и Развитии Системы Образования Республики Казахстан*，Астана：АО «Информационно-аналитический центр»，2017，стр. 348.

2015—2016 年，学前教育可及性指标最高的地区为巴甫洛达尔州，最低的为南哈萨克斯坦州、阿斯塔纳市和阿拉木图市，西哈萨克斯坦州则是学前教育可及性指标提高最快的地区。

三、财政及人力资源评估

2016 年，哈萨克斯坦地方财政对学前教育的平均投入费用为 4%。具体而言，从北哈萨克斯坦州的 0.96% 到南哈萨克斯坦州的 6.64%。与2015 年相比，该国 11 个地区的学前教育费用投入有所增加，而在江布尔州、克孜勒奥尔达州和科斯塔奈州的支出份额显著减少。

确保学前教育儿童覆盖率的有效措施之一就是通过政府和社会资本合作机制开放私立学前教育机构。2016 年，哈萨克斯坦全国在学前教育领域引入了 7.2 万学额，其中有 4.3 万个（60%）位于私立学前教育机构。同时，该指标存在明显的区域间差异，从曼格斯套州的 20% 到克孜勒奥尔达州的 94%。①

根据《哈萨克斯坦教育科学发展 2016—2019 国家纲要》要求，应当提高本国学前教育机构教师的素质。到 2020 年，应当有 50% 的学前教师接受过高等教育与技术和职业教育。与 2015 年相比，学前教育机构数量增长了 6.5%，这使得学前教师人数增加了 4.8%，变为 3.9 万人。接受过专业化培养的学前教育工作者的比例每年都在增长（2014 年 32%，2015年 34.9%，2016 年 35.1%）。② 以东哈萨克斯坦州为例，该州接受过专业化培养的学前教育工作者的比例增长了 9.4%。

总体而言，2016 年，克孜勒奥尔达州、南哈萨克斯坦州和阿克纠宾斯克州在财政及人力资源评估方面的指标处于领先地位。

---

① С.Ирсалиев，А.Култуманова & Э.Тулеков，*Национальный Доклад о Состоянии и Развитии Системы Образования Республики Казахстан*，Астана：АО «Информационно-аналитический центр»，2017，стр. 356.

② С.Ирсалиев，А.Култуманова & Э.Тулеков，*Национальный Доклад о Состоянии и Развитии Системы Образования Республики Казахстан*，Астана：АО «Информационно-аналитический центр»，2017，стр. 357.

四、物质技术保障及信息通信技术评估

2016 年，哈萨克斯坦处于危房中的幼儿园数量从 15 个减少到 13 个，在阿克莫拉州、江布尔州和卡拉甘达州处于危房中的幼儿园全被取缔。全国 925 所幼儿园没有热水供应，在南哈萨克斯坦州、阿克纠宾州、江布尔州和西哈萨克斯坦州的这类幼儿园数量最多。为了给孩子们提供一个舒适的住宿环境，他们在许多没有集中热水供应的幼儿园里安装了热水锅炉。700 个（14.2%）幼儿园中没有污水处理系统，该指标具有明显的区域间差异。[①] 在阿克纠宾州、克孜勒奥尔达州、西哈萨克斯坦州和南哈萨克斯坦州超过 19%，北哈萨克斯坦州、巴甫洛达尔州、科斯塔奈州和卡拉甘州不到 3%。

平均而言，全国学前机构在信息通信技术方面拥有的教学设备占设备份额的 18%（比如个人计算机、多媒体投影仪、触摸式交互式白板等）。同时，区域间差异为 48.6%。阿斯塔纳市、阿拉木图市、阿特劳州和曼格斯套州的城市拥有相当数量的设备指标。对于北哈萨克斯坦、南哈萨克斯坦和东哈萨克斯坦州来说，加强信息通信技术设备尤其重要。

总之，哈萨克斯坦所有地区在学前教育发展方面都有自身潜力。具体体现在以下四个方面。首先，根据 2016 年的统计数据，哈萨克斯坦全国有五个州的 3—6 岁儿童入园率达到 100%。第二，与 2015 年相比，2016 年全国 11 个州在学前教育领域的费用投入都有所增加。第三，具有专业学前教育学历的学前教师比例逐年增长，其中有高级教师职称的教师比例也在增加。最后，能够为儿童提供安全和完善的教育环境的教育机构数量逐年增加。

哈萨克斯坦独立后头 10 年，学前教育机构的减少对学前教育的质量产生了重大影响，大量高素质的教师被迫离开学前教育领域，这也直接导致了学前教育领域教学质量的重大变化。可以说，质量问题是哈萨克斯坦

---

① С.Ирсалиев, А.Култуманова & Э.Тулеков, *Национальный Доклад о Состоянии и Развитии Системы Образования Республики Казахстан*, Астана：АО «Информационно-аналитический центр», 2017, стр. 363.

开展学前教育的核心问题。① 哈萨克斯坦参加 PISA–2015 的指标再次证实，全国的学前教育质量急需提升。接受过一年以上学前教育的参赛者仅比接受学前教育不到一年的参赛者得分高 21 分，这比其他 OECD 成员国低两倍。

全球《高质量教育》中的一项指标是：按性别区分，在健康、知识和社会心理发展程度方面达到所要求的发展水平的 5 岁以下儿童的百分比。为了实现全球高质量教育的指标，即"到 2020 年，要 80% 的 5—6 岁儿童具备高中水平的技能"，哈萨克斯坦开始在学前教育中引入评估工具。目前，哈萨克斯坦在国家层面没有对儿童入学准备水平进行统一监督。所以，为了更好地监测儿童能力的发展，"哈萨克斯坦学前儿童国家中心"要制定并实施统一的监督方法。

当前，哈萨克斯坦的学前教育机构使用不同的方法进行内部监督。57% 的学前儿童使用评估和衡量儿童掌握学前教育课程基本内容质量的方法，其中 24% 的 1—6 岁的儿童采用以能力为基础的发展指标体系，19% 的儿童采用其他评估方法。②

在对学前教育机构进行评估方面，哈萨克斯坦教科部监督委员会对学前机构的服务质量进行评估，每年将近四分之一的学前教育机构未能通过认证程序。在大多数情况下，这与教学人员的综合素质水平紧密相关。一般来说，国家会建议学前教育机构改善质量控制机制，因为服务质量不仅与基础设施和资源设备相关，还与学前教师和专业组织管理的质量潜力紧密相关。

---

① МОН РК，ЮНЕСКО & ОЭСР：*Отчет по обзору политики：Дошкольное воспитание и обучение в Казахстане*，2005 年 5 月 1 日，见 http：//programma.x-pdf. ru/16politologiya/343091-1-otchet-obzoru-politiki-doshkolnoe-vospitanie-obuchenie-kazahstane-podgotovlen-sekciya-doshkolnogo-vospitaniya-obucheniya.php。

② *Сборник «Оценка качества подготовки выпускников дошкольных организаций образования к обучению в школе»*，АО «ИАЦ»，2015，стр.75.

第四章　哈萨克斯坦基础教育

2007 年哈萨克斯坦最新版《教育法》规定，基础教育包括初等教育（начальное образование）、基础中等教育（основное среднее образование）和普通中等教育（общее среднее образование），且均属于义务教育范畴。最初的 1992 年版《教育法》将基础教育称为中等教育（среднее образование），此前的 1999 年版《教育法》将其称为普通教育（общее образование）。为了符合汉语语言习惯，下文将其统称为基础教育。

新版《教育法》正式从法律层面规定了基础教育阶段的学制从 11 年变为 12 年。根据哈萨克斯坦 2018 年修订的《普通教育国家标准》（2012 年颁布）（Государственный общеобразовательный стандарт среднего образования）的规定，初等教育为 1—4 年级，基础中等教育为 5—9 年级，普通中等教育为 10—12 年级，基础教育主要涵盖 6（7）岁至 18（19）岁的青少年。[①]

第一节　基础教育发展的历史沿革

苏联解体后，哈萨克斯坦的基础教育大致经历了三个发展时期，分别为 1992—1999 年、2000—2004 年以及 2005 年至今。

[①] *Министр образования и науки Республики Казахстан：Государственный общеобразовательный стандарт среднего образования*，见 2017 年 8 月 15 日，https：//online.zakon.kz/Document/？doc_id=31248110#pos=2；-85。

第一阶段（1992—1999 年）为基础教育领域法律法规基础奠定阶段。1999 年，哈萨克斯坦颁布《教育法》，从法律层面正式确定了教育的主要任务；1997 年哈萨克斯坦颁布《"达雷恩"国家计划》（Государственная программа «Дарын»），并在此基础上建立了哈萨克斯坦"达雷恩"全国科学实践中心（РНПЦ «Дарын»）；根据 1997 年颁布的《哈萨克斯坦语言法》（О языках в Республике Казахстан），哈萨克斯坦于 2001 年颁布《语言发展及功能化 2001—2010 国家纲要》，鼓励基础教育阶段非哈萨克族儿童学习哈萨克语；1997 年，根据哈萨克斯坦总统的倡议，国家颁布《基础教育体系信息化国家纲要》，以此保障基础教育阶段学生在信息技术方面的能力。

第二阶段（2000—2004 年）为基础教育内容及体系的现代化阶段。2000 年，哈萨克斯坦总统批准颁布《教育纲要》（Программа «Образование»），对基础教育阶段的任务进行了明确细致的规定；2002 年，哈萨克斯坦政府颁布《"乡村学校" 2003—2005 国家纲要》（Государственная программа «Сельская школа» на 2003—2005 гг.），以此提高乡村地区基础教育机构的教育质量；同年，哈萨克斯坦颁布《基础教育国家标准》（Государственный стандарт среднего общего образования РК），确定基础教育阶段的学制为 11 年。

第三阶段（2005 年至今）为基础教育进入战略化发展阶段。2005 年哈萨克斯坦通过《哈萨克斯坦教育发展 2005—2010 国家纲要》，2010 年通过《哈萨克斯坦教育发展 2010—2020 国家纲要》。这两大纲要确定了哈萨克斯坦教育未来的战略发展方向及目标。在基础教育领域中的主要任务是：首先，哈萨克斯坦的基础教育学制从 11 年转向 12 年；其次，制定并执行新的基础教育国家标准；最后，向能力导向型教育模式转型。

第二节　教育机构及规模

哈萨克斯坦的基础教育机构类型多样，旨在满足公民对所有类别的教育需求。除全日制基础教育机构外，还有夜校、为有特殊教育需求儿童提供的特殊学校，非国立学校，纳扎尔巴耶夫知识学校（Назарбаев интеллектуальные школы）、小规模学校等。

哈萨克斯坦自独立 25 年以来，其普通中等教育机构在数量和质量上都发生了重大变化。中小学机构（全日制和夜校）数量减少了 15.7%。此外，由于大量人口移民，90 年代初哈萨克斯坦人口下降，生源数减少了 9.6%。（具体见图 4–1）①

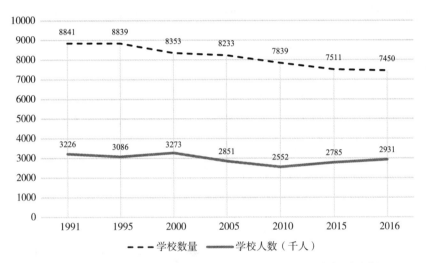

图 4–1 1991—2016 哈萨克斯坦普通教育学校数量（所）和人数（千人）变化
资料来源：哈萨克斯坦统计局。

由于 2008—2010 年哈萨克斯坦出生率的上升，在过去的 5 年中，中小学的生源数增加了 37.9 万人（占 15%）。仅在 2016 年，就有 369832 名儿童进入一年级，比 2015 年（347602 人）增加了 2.22 万人，比 2014 年（332999 人）增加了 3.68 万。②

---

① С.Ирсалиев，А.Култуманова & Э.Тулеков，*Национальный Доклад о Состоянии и Развитии Системы Образования Республики Казахстан*，Астана：АО «Информационно-аналитический центр»，2017，стр. 162.

② С.Ирсалиев，А.Култуманова & Э.Тулеков，*Национальный Доклад о Состоянии и Развитии Системы Образования Республики Казахстан*，Астана：АО «Информационно-аналитический центр»，2017，стр. 163.

此外，由于城市化进程加快，农村学校及其生源数的比例从 1992 年的 77.2% 和 50.6%，下降到 2016 年的 73.8% 和 46.4%。夜校为因各种原因（家庭状况困难，居住地区未有全日制学校）而未能按时完成学习的本国公民提供了接受学校教育的机会。但由于时代变化，夜校的职能渐渐弱化。总体而言，夜校网络从 1991 年到 2016 年减少了 71%，生源数减少了 83%。2016 年，农村地区有 3471（27%）名学生就读于 31 所（40.3%）夜校。在阿克莫拉州、南哈萨克斯坦州、卡拉干达州、克孜勒奥尔达州和东哈萨克斯坦州，夜校数量最多。

随着全纳教育理念的盛行，哈萨克斯坦中小学开始开展全纳教育。自 1991 年以来，特殊中小学校的数量逐渐缩小，从 1991 年的 129 所减少到 2016 年的 97 所。生源数也在逐渐下降，从 1991 年的 2.73 万人减少到 1.42 万人。①（具体见图 4-2）

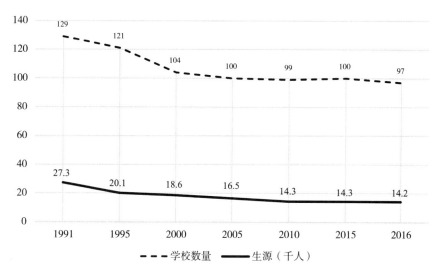

图 4-2　1991—2016 年哈萨克斯坦特殊中小学校数量（所）及生源（千人）数量图
资料来源：哈萨克斯坦统计局。

---

① С.Ирсалиев，А.Култуманова & Э.Тулеков，*Национальный Доклад о Состоянии и Развитии Системы Образования Республики Казахстан*，Астана：АО «Информационно-аналитический центр»，2017，стр.165.

　　随着哈萨克斯坦的独立和私人企业家的不断增加，1992 年起，在哈萨克斯坦开始建立新兴的私立中小学校。其中，最早一批私立学校以"阿基米德学校"（Школа Архимеда）、"蓝帆"（Голубой парус，今天其分支机构不仅在阿拉木图市，还在阿斯塔纳、阿特劳和舒钦斯克等城市均有分校），"塞尼姆"（Сеним）、"对话"（Диалог）、"Alter 自由发展学校"（Школа свободного развития «Альтер»）等命名。1995 年在阿拉木图市出现了第一所哈萨克私立中小学校"可基尔"（"Көкіл"）。自 1996 年以来，私立中小学校开始在大学、学院和公立学校开放。同时，国际私立中小学校也开始发展起来，比如国际小学幼儿园一体学校等。

　　1996 年，哈萨克斯坦总统签署了"关于国家支持和发展天才儿童学校的命令"，这为发展国家的知识和创造潜力奠定了基础。1998 年，哈萨克斯坦建立了全国科学与实践中心"达雷恩"（Дарын）。① 该中心不仅在识别和支持有天赋的孩子方面发挥了重要作用，在独立之后几年，哈萨克斯坦的儿童在国际奥林匹克比赛中获得了 9346 个奖项（1998 枚金牌，2895 枚银牌和 4143 枚铜牌）。1998 年，哈萨克斯坦在各个领域（人文科学、自然科学、技术、美学、体育等）建立了天才儿童特殊学校网（СШОД）。②2016 年，天才儿童特殊学校数量最多的是南哈萨克斯坦州、巴甫洛达尔州、东哈萨克斯坦州和阿拉木图州及阿拉木图市。

　　哈萨克斯坦在 21 世纪初的社会经济发展加速，迫切需要具有技术、管理和领导才能的高水平专业人员。因此，在哈萨克斯坦共和国第一任总统纳扎尔巴耶夫的倡议下，于 2008 年启动了创建知识学校的项目，并在同年创建了 20 所纳扎尔巴耶夫知识学校（Назарбаев интеллектуальные

① 　ПП РК No256：*О дополнительных мерах по совершенствованию управления организациями системы Министерства образования，культуры и здравоохранения РК от 24.03.1998г.*，2013 年 5 月 8 日，见 https：//online.zakon.kz/Document/？ doc_id= 1009089。

② 　Приказ МОН РК NO. 289：*Об утверждении типовых правил деятельности видов специализированных организаций образования от 19.07.2013г.*，2020 年 4 月 7 日，见 https：//online.zakon.kz/Document/？ doc_id=31437322。

校）。知识学校的设计目的是建立一个用于开发、监控、研究、分析、测试、实施学前和中小学现代教育大纲模型的实验平台。知识学校采用现代化管理模式，引入创新学习模型。学校有权独立批准教育大纲和课程，制定入学考试要求，对学习成绩进行持续监控，组织期中和期末考试等等。

当前，全国共有 21 所知识学校，其中有 19 所实施物理—数学和化学—生物某一方向的国际课程（NIS-Program），1 所是国际学校，1 所专门实施国际文凭课程（IB 课程）。纳扎尔巴耶夫知识学校的教育课程已得到多所大学的认可。目前，该校毕业者可直接进入哈萨克斯坦—英国技术大学、哈萨克斯坦管理经济与战略研究大学、萨特巴耶夫哈萨克国立理工大学、阿拉木图管理大学、阿拉木图能源和通信大学、朱巴诺夫阿克托别州国家大学、阿拉木图国民经济学院、国际信息技术等大学本科二年级。同时，该校毕业生还无须接受预科班课程，可直接申报纳扎尔巴耶夫大学本科一年级。2018 年，纳扎尔巴耶夫知识学校的 NIS-Program 课程已被确认符合英国普通教育高级证书（GCE A-Level）资格要求。

在 2016—2017 学年，哈萨克斯坦共和国教育和科学部下属的全日制国立普通中小学数量达到 7104 所，在校生人数为 285.84 万人。其中，小学 787 所，中学 1040 所，综合学校 5277 所。①

自 1991 年以来，国语的发展促进了哈萨克斯坦共和国教育和科学部下属使用哈萨克语教学的全日制学校数量的增长 17.7%（857 所）。在过去的 25 年中，使用官方语言学习的学生人数显著增加（从 103.4 万增加到 188.3 万）。

小规模学校（Малокомплектные школы，МКШ）是一种典型的领土面积大但人口密度低的国家为了确保国家教育公平的重要社会功能而特别设立的学校。但其存在也会引起特定的问题，比如维护成本高，物质技术

---

① С.Ирсалиев，А.Култуманова & Э.Тулеков，*Национальный Доклад о Состоянии и Развитии Системы Образования Республики Казахстан*，Астана：АО «Информационно-аналитический центр»，2017，стр.173.

基础设施不全，教育质量低等。小规模学校的主要衡量指标是学生人数。小学教育的学生人数从 5 人到 40 人，初中教育的学生人数从 41 人到 80 人，高中教育的学生人数从 81 人到 180 人。

　　小规模学校是哈萨克斯坦教育体系的重要组成部分，其中很大一部分位于农村地区。小规模学校的存在帮助解决了哈萨克斯坦复杂的社会经济问题，比如人口和移民问题等。同时其存在也巩固了农村地区青年以及农业发展部门的工作，改善了农村儿童学校教育过程的质量。自独立以来，哈萨克斯坦共和国的小规模学校占全日制基础教育机构的比例发生了很大变化，从 1992 年的 45% 到 2007 年的 57% 再到 2016 年的 43%；小规模学校的学生名额从 2001 年的 13.3% 变为 2007 年的 16.4% 再到 2016 年的 7.2%。

　　20 世纪 90 年代初，由于社会经济政治原因，如昂贵的学校维护、内外部人口迁移、学龄人口比例降低等，哈萨克斯坦政府大量削减中小学的数量，其中包括小规模学校。但是这直接导致国家文盲数量的上升，没有接受过九年教育的青年数量大大增加。[①] 因此，哈萨克斯坦政府于 2000 年批准了保证教育组织机构网的国家标准，每个州都有义务使本州教育机构的数量达到既定标准。该标准的颁布直接导致了小规模学校数量的急剧增加（从 2000 年的 4038 所到 2005 年的 4432 所），并且维持了公立学校网的稳定。

第三节　教育标准与内容

　　20 世纪 80 年代末，国际先进的教育理念认为学校仅仅提供学术知识是不够的，而是要教会学生如何有效地使用这些知识。因此，基于知识的教育模式应当转变为基于能力的教育模式。

---

① Н. Нурахметов, Ж. Караев и др., *Малокомплектные школы：проблемы и перспективы*, Астана：АО «Информационно-аналитический центр», 2002, стр.78.

哈萨克斯坦独立后开始重建本国教育体系，其中一项核心任务便是制定义务教育国家标准。该标准可以保证不论生活条件、学校类型等因素如何变化，每个孩子都能享受公平的全面教育。哈萨克斯坦共和国《教育法》于 1992 年首次规定了国家教育标准的概念。该法律第 4 条指出："哈萨克斯坦共和国制定国家教育标准来确定各种类型的教育机构毕业生的最低要求。"哈萨克斯坦共和国新宪法（1995 年）第 30 条进一步加强了这一规定："国家制定了具有普遍约束力的教育标准，任何教育机构的活动都必须遵守这些标准。"

哈萨克斯坦制定 12 年义务教育国家标准主要经历了五个阶段：1992—1996 年、1997—1998 年、1999—2002 年、2003—2010 年、2011—2012 年，教育内容的更新则主要是在 2013—2016 年。[①]

1994 年 4 月，哈萨克斯坦共和国教育部首次批准了基础教育机构基本教学大纲及可供选择的 28 种课程方案。制定基本教学大纲是学校改革的重要一步。它可以使得学校根据自己的情况或者学生的兴趣和能力来制定独特的教育大纲，学校不再像从前的传统那样只是根据统一的课程表安排所有学校教育活动。为了使义务教育国家标准得到普遍认可和支持，哈萨克斯坦政府在制定过程中一直确保公众的参与，共有 275 名专家参与了该计划的开发，1.7 万名教师和管理人员参与了讨论。

2002 年，新的义务教育国家教育标准出台（ГОСО РК 2.003-2002）（于 2003 年 9 月 1 日生效），它包含对最低义务教育内容的规定，最低水平的学生培养和人员配备的要求。2002 年的标准是在所有必修学科中制定学科标准的唯一经验，其中包含针对哈萨克语和俄语教学学校的 34 个小学、基础和高级水平（63 个单元）的单独标准。

根据义务教育国家标准 2.003—2002，在 10—11 年级开始开展社会人文学科、自然科学领域的侧重专业性教学。这种侧重专业性教学将为学

---

① С.Ирсалиев，А.Култуманова & Э.Тулеков，*Национальный Доклад о Состоянии и Развитии Системы Образования Республики Казахстан*，Астана：АО «Информационно-аналитический центр»，2017，стр.206.

生未来的职业教育和专业教育打下基础。2.003—2002 国家标准也成为开发新一代课程、教科书和教材的基础。

随后,《哈萨克斯坦教育发展 2005—2010 国家纲要》进一步确定了义务教育国家标准的现代化方向,即考虑毕业生应掌握的基本能力及以结果为导向的国家教育目标体系来开发义务教育国家标准。但是,义务教育国家教育标准 2.3.4.01—2010 中并未体现胜任力导向。从本质上说,这一版本的教育标准是 2002 年标准的再版,未有较大突破。其缺点是过度的理论化和对侧重性专业教学的表述不足,过度重视正式的结果,未重视个人的发展。

义务教育国家标准(ГОСО РК 1.4.002—2012)已成为哈萨克斯坦从 11 年制义务教育向 12 年制义务教育模式过渡的标志性国家标准。它通过加强学生对每门学校课程的实践教学指导来发展学生的核心素养。义务教育国家标准 2012 建议在学科学习结果中分别呈现基本成绩和附加成绩,强调中等教育与国家高等教育(本科)教育标准相结合。2007 年,哈萨克斯坦共和国《教育法》首次从法律层面确定了 12 年学制。要在学校再学习一年,就需要从以知识为中心转变为基于能力的教学模式。比如基本生活能力、逻辑思维能力、批判性思维、社交能力、多语言能力的发展等等。

为了确保向更新的教育内容过渡,以纳扎尔巴耶夫知识学校和扬·阿尔廷萨林命名的国家教育科学院(НАО им. Ы. Алтынсарина)制定了国家初等教育义务标准,国家基础和中等基础教育标准,学生知识体系评价标准,初级、基础和中等基础教育课程大纲。最新的义务教育国家标准与之前的标准有本质区别。首先,新的教育标准强调国家的基本价值观,即爱国主义和公民责任、尊重、合作、工作和创造力、开放、终生教育等等;其次,首次明确强调了教育结果的输出;第三,更加强调批判性思维的培养,信息通信技术的使用,沟通技能等;最后,标准提出了新型的评估学生成绩的系统。

哈萨克斯坦于 2015 年 9 月 1 日正式将新的义务教育国家标准投入试

点使用。有 3454 名一年级学生，143 名小学教师和 286 名学科教师在 30 所试点学校里进行试点。试点监控主要由教育与科学部负责，由纳扎尔巴耶夫知识学校协助。试点学校和 16 所参照学校的诊断测试表明，城乡一年级学生的成绩存在差距。学年末的对比研究表明，儿童的教育成果指标有了显著改善。在学年末，试点学校一年级学生的平均成绩比对照学校高 7.3 点。因此，自 2016 年 9 月起，全国所有学校的第一堂课开始根据最新的内容计划和单一基础教科书进行培训，计划在 2019 年完成所有课程更新教育内容的分阶段过渡（2017–2、5、7 单元，2018–3、6、8、10 单元，2019–4、9、11 单元）。

组织教育活动的主要手段是教科书。1996 年，哈萨克斯坦通过了为学校编写和出版教科书和教学工具书（Учебно-методический комплекс）的目标计划，从 1997 年至 2007 年开始进行教科书编写。但是，由于缺乏编写教科书和进行全面检查的经验，教科书的教学质量受到了教育界和家长的批评。为了提高教科书的质量，哈萨克斯坦于 2005 年成立了全国"教科书"科学与实践中心，并对教科书和手册的编写、审查和出版工作进行了规定，并且逐年改进。根据 2008 年的规定，教科书内容部分的个人责任不仅由作者承担，还由相关专家承担。

2010 年哈萨克斯坦批准了教科书审查的三阶段流程；2012 年引入了单一基础教科书和强制性考试的概念；2014 年批准了向教育机构的学生提供教科书的机制（预测、收集信息、进行公共采购和向学校交付教科书）。自 2016 年以来，哈萨克斯坦对教科书专业知识质量的要求得到了加强。有一个特殊的门户网站"公开评估课本的质量"。根据数据资料，在 2016 年收到的 1622 种印刷和电子教育出版物中，有 70% 被批准使用。

此外，哈萨克斯坦正式将三语教育融入义务教育的基本内容中。哈萨克斯坦总统在 2004 年指出："我已经反复说过，而且我不怕重复提及。我希望看到新一代的哈萨克斯坦人会说三种语言，能说流利的哈萨克语、俄语和英语。这是国家、经济和国家竞争力的关键之一。"① 三种语言的学习实验始于 2007 年，在 33 所学校试点。《2015—2020 年国家教育发展纲要》路线图确定了在各级教育中分阶段实施三语教育的措施。

作为实施国家计划《100 步》(План нации «100 конкретных шагов：современное государство для всех») 中第 79 步和《哈萨克斯坦教育发展 2016—2019 国家纲要》的重要内容，促进三语教育行动计划获得批准。自此，哈萨克斯坦在众多教育机构成功实施了多语言教育，比如"天才"儿童学校、纳扎尔巴耶夫知识学校、教育创新中学等等。

总之，哈萨克斯坦逐步过渡到全国使用更新后的教育内容（教科书和教学工具书等），教育内容逐渐与世界接轨，从而保证了哈萨克斯坦儿童在全球范围内的竞争力。

第四节　资金保障

自 2001 年以来，基础教育的筹资额是所有其他各级加起来的 2 倍。在 2001—2016 年，占 GDP 的支出份额为 1.7–2.2%（仅 2004 年为 2.7%）。与 2012 年相比，2016 年的基础教育融资额增加了 2207 亿坚戈。（具体见图 4–3）② 2016 年，基础教育拨款是 8087 亿坚戈，占 GDP 的 2.1%。这相当于经合组织国家的成本（2.2%）。在过去 10 年中，每名学生的支出增加了 5.3 倍（2005 年为 49600 坚戈，2016 年为 26.5 万坚戈）。该指标在哈萨克斯坦各地区之间的差异非常大（最多 2 倍），从阿克莫拉州的每年 41.11 万坚戈到阿拉木图的每年 18.52 万坚戈。

---

① Выступление Президента РК. Н. А. Назарбаева на открытый первой сессии Парламента РК третьего созыва，2004 年 10 月 3 日，见 https://online.zakon.kz/Document/?doc_id=1051274。

② С.Ирсалиев，А.Култуманова & Э.Тулеков，*Национальный Доклад о Состоянии и Развитии Системы Образования Республики Казахстан*，Астана：АО «Информационно-аналитический центр»，2017，стр.247.

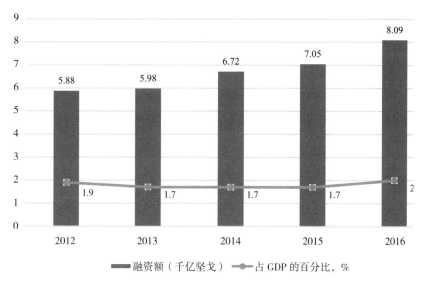

图 4-3　2012—2016 年基础教育领域的融资额及其占 GDP 的比例变化图
资料来源：哈萨克斯坦教育与科学部。

同其他国家相比，哈萨克斯坦的生均花费是美国的十六分之一，是经济合作与发展组织国家的十二分之一，是俄罗斯的一半。经济合作与发展组织国家平均每年为一名学生花费的政府开支为 9811 美元。[①]

PISA-2015 测试的结果表明，每名学生的费用越高，教育的质量就越高。新加坡，日本，芬兰的参与者展示了很高的成就（分别为 556、538和 531 分），每名学生的政府支出为 10000—14000 美元不等。哈萨克斯坦小学生的平均得分为 456，平均水平为 2500 美元。[②]

为了实现每个学生（不论其居住地在哪里）州支出的均等，哈萨克斯坦计划引入按人头投资机制（Подушевое финансирование）。自 2013年以来，按人头投资在阿克托宾州、阿拉木图市、南哈萨克斯坦州、东哈萨克斯坦州和阿克莫拉州的 63 所学校进行试点。自 2015 年 1 月 1 日起，

① ОЭСР：*Education at a Glance-2016*，2016 年 9 月 10 日，见 https：//www.education.ie/en/Publications/Statistics/International-Statistical-Reports/Education-at-a-Glance-OECD-Indicators-2016-Briefing-Note.pdf。

② С.Ирсалиев，А.Култуманова & Э.Тулеков，*Национальный Доклад о Состоянии и Развитии Системы Образования Республики Казахстан*，Астана：АО «Информационно-аналитический центр»，2017，стр. 247.

哈萨克斯坦共和国政府决定仅继续在现有试点学校的 10—11 年级进行鉴定。自 2017 年 1 月以来，又将阿斯塔纳和阿拉木图市 10 所试点学校纳入认可范围。

在哈萨克斯坦独立后的最初几年政府建立的通用教育基金会（Фонд всеобщего обучения）在帮助低收入和大家庭的儿童方面发挥了重要作用。仅在 1998—1999 年，有 26642 名儿童重返学校。[①] 此外，基金会还为低收入家庭的在校学生提供了社会保护。基金会以现金和物质资源的形式设立，不少于国家教科部用于当前学校维护、赞助和人道主义援助等费用总和的 1%。基于基金会的捐赠，学校获得衣服、鞋子、教科书、学习用品、伙食等。

自 2008 年以来，哈萨克斯坦已按照新规则确定的方式向低收入家庭的儿童提供了援助，[②] 并确定了接受援助的学生类别：有权获得国家针对性社会援助家庭的孩子；来自没有接受国家针对性社会援助的家庭，这些家庭的人均收入低于平均生活水平；孤儿和无父母陪伴的儿童；处境困难的儿童。这些儿童有权依靠教科部的援助免费享用餐食。与此同时，这项措施受到 2015 年与哈萨克斯坦营养学院联合制定的现行一次性学校用餐规范的约束。同时，学校应注意饮食规则，保证烹饪中使用的食品质量和安全性，国家提供了相应的标准来选择最佳条件的供应商。

在 2016—2017 学年，来自低收入家庭的 255023 名儿童就读于全日制国立普通学校，其中包括 155746 名农村学校的学生。[③] 学校向低收入

---

① Зуева Л.И.：*Развитие Общеобразовательной Школы в Казахстане в 1991-2001 годы*，2004 年 5 月 1 日，见 https：//articlekz.com/article/6712。

② ПП РК NO.64：*Правила Расходования Средств，Выделяемых на Оказание Финансовой и Материальной Помощи Социально Незащищенным Обучающимся и Обучающимся из Числа Малообеспеченных Семей*（с 2012 года Правила получили новую редакцию названия）от 25.01.2008г.，2008 年 1 月 25 日，https：//online.zakon.kz/document/？doc_id=31132636。

③ С.Ирсалиев，А.Култуманова & Э.Тулеков，*Национальный Доклад о Состоянии и Развитии Системы Образования Республики Казахстан*，Астана：АО «Информационно-аналитический центр»，2017，стр.198-199.

家庭的所有学龄儿童提供热食。在南哈萨克斯坦州（32248 人）、东哈萨克斯坦州（28163 人）、江布尔州（27823 人）、阿拉木图州（26104 人）和克孜勒奥尔达州（23666 人），接受免费膳食服务的儿童数量最多。

自 2008 年以来，哈萨克斯坦每年开展支持来自中低收入家庭儿童的活动"上学之路"（дорога в школу）和"关爱"（забота）。在 2008—2016 年间，作为"上学之路"运动的一部分（从 8 月 1 日至 9 月 30 日进行），国家为 240 万学生提供约 150 亿坚戈的物质支持，赞助商和社会人士积极参与此次行动。2016 年，该运动覆盖了超过 32.1 万名儿童，他们获得了约 25 亿坚戈的援助。在 2010—2016 年间，作为"关爱"活动的一部分，超过 110 万儿童获得了约 40 亿坚戈的社会支持。

2011—2016 年，已经鉴定出 2392 名未上学 10 天或更长时间的儿童，其中 1603 名学生已经返回学校，但仍有 33% 的儿童由于各种原因（移民、接受调查等）未返回学校。每年对未上学的孩子进行身份识别的事实表明，有必要向学校提供心理学家和社会教育者，这些职位由国家教育机构模范工作人员提供。自 2011 年以来，教育机构的心理服务在相关活动规则的基础上持续发挥作用，并且自 2014 年以来，其活动受教育与科学部法规文件的监管。2016 年，由 7308 名全日制教育心理学家和 3560 名社会教育者给全日制国家普通学校提供了心理指导和教学支持。

在实现所有 17 个可持续发展目标方面，教育发挥着关键作用。扩大基础教育覆盖面有助于长期的经济增长。只要有平等的机会，教育就能成功解决社会和经济不平等问题。因此，自独立以来，哈萨克斯坦的基础教育得到了优先预算支持。政府将巨额财政投入学校的基础设施建设、师资培训等，大大提高了基础教育的教育质量。《2030 年教育全球项目》（Глобальный проект «Образование 2030»）中确定了哈萨克斯坦基础教育的战略指导方针："如果我们让今天的年轻一代没有接受足够的学校教育，那么未来几十年，这些年轻人和全世界将注定遭受贫穷、环境恶化，甚至暴力和不稳定的威胁。"①

第五节　基础设施建设

配备完善基础设施的中小学是基础教育质量提升的前提条件。哈萨克斯坦独立以来一直注重改善学校的基础设施建设，尤其是自 21 世纪开始，经济状况的好转、教育领域经费大幅增加，这些都为完善中小学基础设施建设奠定了基础。

自 2003 年以来，根据《哈萨克斯坦教育发展 2005—2010 国家纲要》，哈萨克斯坦教育科学部开始在国家财政中首次为教育机构制定特别预算方案，其中包括新建学校和维护学校基础设施。自独立以来，哈萨克斯坦中小学校基础设施已大大改善，共新建 1356 所现代化的中小学，其中的 592 所依靠国家财政，764 所依靠地方财政。同时，在《哈萨克斯坦农村地区发展国家纲要》和《乡村学校》计划（Госпрограмма развития сельских территорий и программа«Ауыл мектебі»）中提出，哈萨克斯坦已分阶段加强农村地区教育机构的物质和技术基础，推动了农村地区教育机构网的维护和发展。

根据《哈萨克斯坦教育发展 2011—2020 国家纲要》，哈萨克斯坦政府开始实施学校建设投资项目。项目规定，减少处于危房中的中小学数量，取缔生源匮乏的学校等。自 1996 年以来，位于标准建筑物中的学校数量增加了 1269 所。处于危房中的学校数量呈稳定下降趋势，从 1996 年的 269 所到 2016 年的 64 所。

通过一班制教育教学过程组织教学是学校教学环境舒适度的表现。但这些年，因学生位置的短缺在哈萨克斯坦基础教育学校中的一班制不断缩小，而实施二班制或三班制教学的学校数量不断增加。2016 年，一班

---

① ЮНЕСКО：*Всемирный Доклад по Мониторингу Образования «Образование в интересах людей и планеты：построение устойчивого будущего для всех»*，2016 年 12 月 1 日，见 https://gcedclearinghouse.org/sites/default/files/resources/245745r.pdf。

制学校比 1993 年减少 11%，占总数的 29.7%。见图 4-4。① 各地区小规模
学校数量多也是其中原因之一。

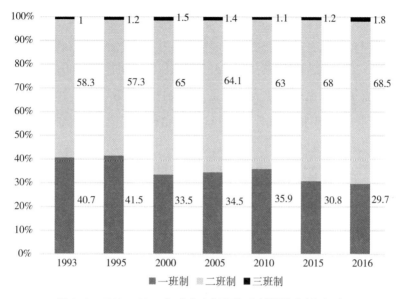

图 4-4 1993—2016 年哈萨克斯坦换班制学校比例（%）

资料来源：哈萨克斯坦共和国教育与科学部。

此外，课桌短缺的学校仍然存在。2016 年有 113 所课桌短缺的学校，
比 2015 年减少了 58 所。其中短缺的课桌数量是 105401 张，比 2015 年减
少 978 个。外部和内部移民导致南哈萨克斯坦州、阿拉木图市和阿斯塔纳
的学校人满为患。

为教室配备现代化的设备在成功实施创新性教育内容方面起着关键
作用。《哈萨克斯坦教育发展 2005—2010 国家纲要》指出，该国的每三
所学校中就有一所没有学科教室，化学、物理、生物学、数学等专业的
实验室及体育馆。同时，在仅有的一些学科教室中还没有配备现代设备
或需要更新。因此，自 2005 年开始，哈萨克斯坦政府开始利用国家财政
和地方财政为各中小学校配备语言实验室、多媒体教室、物理、化学和

① С.Ирсалиев，А.Култуманова & Э.Тулеков，*Национальный Доклад о Состоянии
и Развитии Системы Образования Республики Казахстан*，Астана：АО
«Информационно-аналитический центр»，2017，стр.185-186.

生物学现代学科教室，并改造以前的教室，给它们安装交互式白板等。直到 2016 年，哈萨克斯坦全国共有 4994 所中小学的物质技术基础设施得到加强。其中，中小学物质技术基础设施水平最高的地区为阿拉木图市（92%）、阿特劳州（83.9%）、曼格斯套州（79.9%）和东哈萨克斯坦州（79.3%），较低的有阿克莫拉州（58.2%）和巴甫洛达尔（60.7%）州。

2016 年哈萨克斯坦政府共提供了 2724784 册教科书，2015 年提供了 2658787 册，2014 年提供了 2558743 册。全日制公立普通中小学校的教科书提供率分别为 94.9%、97% 和 97.8%。①

哈萨克斯坦通过《1997—2002 年国家基础教育系统信息化计划》以后开始在中小学中采用信息和通信技术，该计划旨在 2001 年前确保 100% 实现中学的计算机化。此外，哈萨克斯坦总统指定，在 2004 年为小学生提供开放的教育信息空间，并将 75% 的学校连接到全球互联网；到 2007 年，已有 96% 的学校（包括 95% 的农村学校）连接到互联网。2016 年，这一指标达到 97.5%（占农村的 97.2%）。2016 年，有 5793 所国家教育与科学部下属学校（81.6%）以 512 kbps 以上的速度访问互联网，比 2015 年提高 5.7%。其中，阿拉木图市有 98.5% 的学校，阿斯塔纳有 92.9% 的学校，阿特劳州有 92.2% 的学校，阿克莫拉州有 92.1% 的学校，南哈萨克斯坦州有 92% 的学校。② 但这一数据在西哈萨克斯坦州和阿克纠宾州分别只有 47.1% 和 68.8% 的学校。

自 2005 年以来，国家开始为学校提供语言实验室和多媒体教室，以对学童进行多种语言教学。到 2016 年，全国有 4148 所学校（55.7%）配备了此类教室，其中有 2635 所农村学校。自 2007 年以来，哈萨克斯坦实施了"在线学习系统"项目，已有 191721 所学校配备了互动设备，每周

①　С.Ирсалиев, А.Култуманова & Э.Тулеков, *Национальный Доклад о Состоянии и Развитии Системы Образования Республики Казахстан*, Астана：АО «Информационно-аналитический центр», 2017, стр.188.

②　С.Ирсалиев, А.Култуманова & Э.Тулеков, *Национальный Доклад о Состоянии и Развитии Системы Образования Республики Казахстан*, Астана：АО «Информационно-аналитический центр», 2017, стр.190.

在全国1000所学校中进行互动课程。①

哈萨克斯坦计划通过电子学习系统提供新一轮的教育信息化发展。该系统于2011—2013年在1070所学校中引入，其中包括457所农村学校。参与系统的学校获得了10603个数字教育资源，32000名教师在培训中提高了使用信息技术的专业能力。自2015年以来，信息技术模块已纳入所有短期继续教育课程中。从2011—2015年，接受过信息技术高级培训的教师总数为252449人。②

2018年，大约4000名八年级学生和2500名教师参加了ICILS国际测试，以此评估计算机技术在学校使用的有效性以及学生和教师的信息技术能力。

第六节　教师队伍建设

独立以来，由于小规模学校的增加和多种类型科目（如计算机科学、英语、自我认知、经济知识等）的引入，哈萨克斯坦教育工作者数量增加了33870人。教育服务的质量在很大程度上取决于教师的专业化水平，但由于教师的声望不高，所以导致了教师队伍存在专业的女性化倾向、教师向非教学专业转岗、教师人员短缺等现象。因此，多年来，哈萨克斯坦一直都致力于扩大教师培养规模、提升教师职业的社会地位、给予教师充分的物质激励、促进教师专业化的发展。

一、扩大教师培养规模

20世纪90年代是哈萨克斯坦的"优化"（Оптимизация）年代，许

---

① *Выступление Президента РК Н. А. Назарбаева на Республиканском совещании по вопросам АПК от 05.03.2007г.*，2017年3月5日，见 http：//continent-online.com/Document/？doc_id=30091373#pos=0；81。

② С.Ирсалиев，А.Култуманова & Э.Тулеков，*Национальный Доклад о Состоянии и Развитии Системы Образования Республики Казахстан*，Астана：АО «Информационно-аналитический центр»，2017，стр.191.

多高素质的教师离开了教学领域。大量优秀教师的流失是哈萨克斯坦教育质量降低的重要原因。2004 年哈萨克斯坦在阿克秋宾斯克州、科斯塔奈州、巴甫洛达尔州、塞米巴拉金斯克州和塔拉兹州等地开设了 5 所国家师范大学。直到 2016 年，哈萨克斯坦全国共有包括 23 个本科专业和 24 个研究生专业的 66 所大学负责培养教师（包括 10 所师范大学）。2016 年，全国全日制教师教育专业公费培养学额为 6000 人（占全国公费总数的 18.9%）。① 由于每年仅有 3% 的毕业生进入中小学工作，因此，哈萨克斯坦政府每年增加教师教育专业的招生人数；同时大学的教师教育专业也在不断更新教育内容，以培养出高质量的教师，比如具有批判性思维、能够自我教育等等。

二、提高教师的社会声望

在独立后很长一段时间内，哈萨克斯坦采取了各种措施来提高教师的职业声望，提高教师的社会地位，改善教育系统的财务和人员编制问题，从而吸引年轻人选择教师教育专业。

在 2005 年的教师节前夕，国家元首制定了"哈萨克斯坦共和国金皮书"项目（Золотая книга династий Республики Казахстан）。并且，自 2006 年开始，哈萨克斯坦便开展一年一度的全国教学奥林匹克竞赛"天才儿童的优秀老师"（Талантливый учитель-одаренным детям），该竞赛已成为一种传统。此外，哈萨克斯坦还在《教育法》中增加了关于教师地位的条款，从立法层面确立了教师的地位。在哈萨克斯坦，公立学校的教师相当于公务员。对于小学教师来说，只要完成了每周 18 小时的标准工作量，工资就会提高 10%。

在哈萨克斯坦共和国教育和科学部出台的形象政策纲要（Концепция имиджевой политики МОНРК）中，关于教师职业、教师先进经验和最佳

---

① С.Ирсалиев，А.Култуманова & Э.Тулеков，*Национальный Доклад о Состоянии и Развитии Системы Образования Республики Казахстан*，Астана：АО «Информационно-аналитический центр»，2017，стр.238-239.

教师成就做了大量的宣传。但是，大多数宣传措施本质上都具有偶发性的和非系统性的特征。因此，这并没有从根本上影响教师专业形象的提高。社会调查的结果表明，在接受调查的该国 43% 的人口中，教师职业的声望在过去 5 年中没有发生重大变化。47% 的被调查者（其中 57% 是城市居民）表示，教师声望低的关键原因之一就是工资水平低。

三、提升教师工资水平

与 60% 的 OECD 成员国家采用的关税制相反，哈萨克斯坦采用的是小时工资制。直到 2016 年，工资或关税率都是根据公务员名册和基本官方工资（Базовый должностный оклад，БДО）的系数计算得出的。反过来，公务员名册又考虑了教育程度和所担任的职位，系数考虑了服务年限，有各种附加费。特别是在班级管理，即担任班主任职务（占 БДО 的 25%），专业培训（占 БДО 的 40%），在农村学校工作（不少于 25%）等方面。

自 2016 年 1 月 1 日起，全国引入了一种新的公务员薪酬模式。与以前的薪酬制度不同，新模式职位的分类不仅考虑了教育程度，而且还考虑了资格水平、所从事工作的复杂性和责任程度。有人认为，新模式将使教师的薪水平均增加 29%。根据哈萨克斯坦共和国国民经济部的数据，2016 年第一季度，中学教师的工资与 2015 年相比增长了 19.3%，小学教师的工资增长了 17.2%。但是教师的薪金仍一直存在明显落后于全国平均薪资的趋势，并且不超过其平均薪资的 67%。① 具体可见表 4–1。

表 4–1　2010—2016 年哈萨克斯坦教师平均月工资占全国月工资的比例

年份	平均月工资（坚戈）		教师平均月工资占全国平均月工资的比例（%）
	全国	教育领域	
2010	77611	49216	63.4

① С.Ирсалиев, А.Култуманова & Э.Тулеков, *Национальный Доклад о Состоянии и Развитии Системы Образования Республики Казахстан*, Астана：АО «Информационно-аналитический центр», 2017, стр. 242.

续表

年份	平均月工资（坚戈）		教师平均月工资占全国平均月工资的比例（%）
	全国	教育领域	
2011	90028	59221	65.8
2012	101402	67931	67.0
2013	109654	69484	63.4
2014	121021	74756	61.8
2015	126021	77542	61.5
2016	143047	95108	66.5

资料来源：哈萨克斯坦统计局。

增加教师工资的方法之一可能是根据教师的成绩来区分他们的薪酬。例如，针对该类别和目标群体（领导以及英语、物理、化学、生物学、信息通信技术和其他学科的老师）相应的雅思水平，需要额外支付英语能力工资。

四、创新教师培训模式

由于教师扩招，大量年轻毕业生涌入学校。哈萨克斯坦几乎每四分之一的教师都没有职称。目前这类教师（25岁以下）所占比例为10%。全国有50%的老师年龄在25—44岁之间，25%的教师年龄在45—54岁之间。退休前年龄（55岁及以上）的教师约12%，其中1%—2%是退休教师。哈萨克斯坦教师的平均年龄为41岁。按工作经验对教师进行的比较分析表明，在过去的4年中，具有9年和20年以上工作经验的教师所占的比例有所增加，13%的教师具有不超过3年的经验。因此，哈萨克斯坦致力于完善教师培训制度，帮助新教师成长。

基于纳扎尔巴耶夫知识学校的经验，可以开发多层次资格认证系统，从而为教师加薪。（六个职业级别：进修者，教师，班主任，专家，研究员，大师）而现有的学校资格认证仅包括三个职称级别，分别是最高级别、第一级和第二级。

教师专业发展的先决条件是参加高级培训。教师有权至少每五年参加一次教师培训，为期不超过四个月。教师的继续教育体系在整个继续教育体系中占有重要地位。在过去的 25 年中，继续教育课程、会议、研讨会、网络研讨会和其他形式的专业发展吸引了超过 150 万名教师。

在 2011—2012 年，哈萨克斯坦对教师培训系统进行了改革，建立了一个新的教师培训创新基础设施：纳扎尔巴耶夫知识学校下属卓越教学中心（ЦПМ АОО «НИШ»）。[①] 通过合并全国教育系统教师继续教育学院（РИПК СР）和 16 所教师继续教育学院（ИПК），成立了国家继续教育中心"乌尔雷"（АО НЦПК «Өрлеу»）股份公司，并在各州中心设有分支机构。这两个机构以及大学的高级培训中心为提高教师的专业水平开展了重要工作。

自 2012 年以来，该国已成功实施由纳扎尔巴耶夫知识学校与剑桥大学教育学院联合制定的三级教师培训计划。该项目的创新之处在于学习的分层方法。这些计划的内容与哈萨克斯坦教育发展战略的目标以及教科文组织和经合组织的建议相一致。更新的课程计划考虑了学科的具体情况，使教师可以更有效地应用在培训框架中获得的知识和技能。在新的培训形式中，更加重视教师的独立工作。在 2012—2015 年间，哈萨克斯坦对 52885 名教师进行了分层计划培训。其中，36173 名教师参与了第三基础课程计划，7647 名教师参与了第二课程计划，9065 名教师参加了高级课程计划。

国家继续教育中心"乌尔雷"和纳扎尔巴耶夫知识学校下属卓越教学中心为中学教育机构的教师开设了包含实质性教育内容的继续教育课程，比如更新教育内容、如何实现有效教学、道德和精神教育、信息通信技术能力和教师领导能力等内容。仅在过去的五年中，就有 208182 名中小学教师完成了短期继续教育课程。

---

① 　С.Ирсалиев，А.Култуманова & Э.Тулеков，*Национальный Доклад о Состоянии и Развитии Системы Образования Республики Казахстан*，Астана：АО «Информационно-аналитический центр»，2017，стр.243.

五、鼓励教师去农村

城乡学校教师的素质构成上有显著差异。2003 年，全国城市学校中最高级别职称的教师比例（18.3%）比农村学校（9.8%）高 8.5%，2016 年增长了 13.1%（城市 26.9%，乡村 13.8%）。① 此外，这种趋势在过去五年中一直在持续。就区域而言，教师的素质组成分布不均。2016 年，克孜勒奥尔达州高级职称的教师人数最少（10%）。近年来，在阿斯塔纳和阿拉木图市的高级职称的教师所占比例提高了 3 倍（分别为 30% 和 32%）。

因此，哈萨克斯坦积极为农村地区教师提供社会支持，鼓励教师去农村工作。"拿着文凭去农村计划"（С дипломом-в село!）② 促进了农村教师资源质量的提高，目前一个积极的趋势是城乡学校教职工的教育水平基本保持一致。2003 年城乡接受过高等教育的教师比例差异为 14.6%，其中城市 80.7%，乡村 66.1%，2010 年的差异为 6.4%，2016 年是 3.5%。

经过上述一系列措施的实施和创新项目的尝试，独立后的哈萨克斯坦教学人员的教育水平已大大提高。1991 年有 66% 的中学教师接受过高等教育，2016 年为 90%。同时，接受过技术和职业教育的教师比例下降了 16.1%，而仅接受中等教育的教师比例下降了 3.8%。受过高等教育的小学教师所占比例有所增加。自 1991 年以来，该比例已增长了 49.6%，达到了 81%。仅接受过技术和职业教育的教师比例从 62.7% 下降到 18.8%，仅接受过中学基础教育的教师所占比例已显著下降（从 3.9% 降至 0.04%）。③

---

① С.Ирсалиев，А.Култуманова & Э.Тулеков，*Национальный Доклад о Состоянии и Развитии Системы Образования Республики Казахстан*，Астана：АО «Информационно-аналитический центр»，2017，стр.235.

② Закон РК "*О внесении изменений и дополнений в некоторые законодательные акты по вопросам социальной поддержки и стимулирования работников социальной сферы сельских населенных пунктов*" от 24.12.2008г.，2018 年 12 月 24 日，见 http：//adilet. zan.kz/rus/docs/Z080000111_.

③ С.Ирсалиев，А.Култуманова & Э.Тулеков，*Национальный Доклад о Состоянии и Развитии Системы Образования Республики Казахстан*，Астана：АО «Информационно-аналитический центр»，2017，стр.234-235.

在世界范围内，越来越多的国家要求中小学教师拥有硕士文凭。在哈萨克斯坦，拥有硕士文凭的中学教师人数逐年增加。从 2013 年的 281 人增加到 2016 年的 3476 人。但是，相对于教师总数而言，他们的人数仍然太少（1.1%）。为了吸引硕士毕业生进入中学工作，国家规定硕士毕业生工作第一年便直接拥有二级职称。

教师的专业水平指标之一是他的职称类别。具有最高级和一级职称的教师比例正在增加。2016 年，这一比例为 19% 和 28.8%（2003 年分别为 12% 和 23.8%）。[1] 二级教师的比例几乎没有变化（2003 年为 26%，2016 年为 26.2%）。无职称的教师比例从 2003 年的 38.2% 显著下降到 2016 年的 26%。

除了提升教师的职业技能水平，哈萨克斯坦也十分重视学校领导的培训。在哈萨克斯坦，管理部门在实现学校系统有效性方面的作用显得越来越重要。学校的管理水平提高后，TIMSS–2015 测试成绩与 TIMSS–2011 年相比增加了 6%。学校领导团队决定了所有教育计划的成功实施。在 2011—2015 年，有 15100 名（55.4%）学校校长参加了管理学继续教育课程。目前，无论在哈萨克斯坦的城市还是农村，校长的教育水平和素质水平都很高。99.5% 的人接受过高等教育，95.4% 具有最高和第一级职称。有九分之一的校长（11%）拥有 11—15 年的工龄，六分之一（15%）有 11—20 年工龄，工龄超过 20 年的占 70%。40 岁以下的校长比例为 16%，41—50 岁为 36%，51—59 岁为 43%，而 59 岁为 7%。[2] 这些事实表明，在不久的将来，经验丰富的校长应被新一代的年轻校长取代。

2017 年，哈萨克斯坦首次参加 OECD 的大型国际项目 TALIS。在此之前，哈萨克斯坦从未通过外部程序评估过本国教师的专业水平及对其专

① С.Ирсалиев, А.Култуманова & Э.Тулеков, *Национальный Доклад о Состоянии и Развитии Системы Образования Республики Казахстан*, Астана：АО «Информационно-аналитический центр», 2017, стр.235.

② С.Ирсалиев, А.Култуманова & Э.Тулеков, *Национальный Доклад о Состоянии и Развитии Системы Образования Республики Казахстан*, Астана：АО «Информационно-аналитический центр», 2017, стр.246.

业的满意度。根据 TALIS 的结果，哈萨克斯坦可以采取措施来提高教师的地位，并为本国的教育政策开发新方法。

第七节　质量评估体系

哈萨克斯坦独立后的另一项成就是建立了评估基础教育质量的国家体系，使用国内和国际手段来评估基础教育质量。国内手段主要是国家统一考试（единое национальное тестирование，EHT）、中期国家考核（промежуточный государственный контроль，ПГК）和学业成绩外部评估（внешняя оценка учебных достижений，ВОУД）。在国际手段方面，主要参考 PISA、TIMSS、PIRLS 对哈萨克斯坦学生的教育成就所进行独立的国际评估。

一、国家统一考试

2004 年，哈萨克斯坦引入了国家统一考试。该测试的程序结合了学校毕业生的最终国家考试和各大学的入学考试。在自愿的基础上，掌握中等基础教育课程的学校毕业生可以参加该考试。2004—2016 年间，有不止 150 万应届毕业生参加了国家统一考试。参加测试的毕业生比例动态表明，在国家统一测试开展的头几年中，参加测试的人数比例最高（2005 年为 83.2%，2006 年为 83.5%，2007 年为 81.8%）。在接下来的几年中，测试参与者的比例下降是由于多种原因，其中一个原因是，国家统一测试是一项"高风险考试"。它为毕业生提供了同时获得高等教育和普通中学文凭的机会，而测试的低成绩则会产生法律后果，比如解雇学校行政人员和教师。[1] 从 2010 年到 2016 年，有 25% 到 30% 的毕业生没有参加国家统一考试，而参加国家统一测试的学生中缺少表现不佳的学生，且没有乌兹

---

① Экзамен с высокой ставкой，2014 年 4 月 8 日，见 http：//old.express-k.kz/show_article.php?art_id=94072。

别克语、维吾尔语、塔吉克语学校的毕业生。

国家统一考试平均得分是不稳定的。在 2004 年至 2007 年，2007 年至 2011 年，2012 年至 2016 年间，整个国家和地区的平均分数都有增加的趋势。平均得分最低的是 2004 年，最高的是 2011 年。同时平均分数的动态趋势还表明，城乡学校毕业生的知识水平一直存在差异。2004 年的平均得分差距为 7.1 分（城市 55.6 分，村庄 48.5 分），2008 年是 9.6 分（城市 73.0 分，村庄 63.4 分），2012 是 9.7 分（城市 76.2 分，村庄 66.5 分），2016 年的差距为 7.9 分（城市 85.1 分，村庄 77.2 分）。

哈萨克语和俄语授课的毕业生平均分数也存在差距。2004 年为 4.2 分（哈萨克语授课 50.6 分，俄语授课 54.8 分），2008 年为 9.0 分（哈萨克语授课 64.4 分，俄语授课 73.4 分），2012 年为 8.0 分（哈萨克语授课 69.0 分，俄语授课 77.0 分）。自 2004 年引入国家统一测试以来，使用哈萨克语授课和使用俄语授课的毕业生平均分数首次几乎相同：哈萨克语授课（79.2 分），俄语授课（80.3 分）。同时，2016 年的差距为 1.65 分（哈萨克语授课 80.8 分，俄语授课 82.5 分）。

阿拉木图市和阿斯塔纳的毕业生平均分数远高于其他地区，其次阿克纠宾州的毕业生平均分数也显示出较为平稳的领先结果，2016 年为 82.8 分，2015 年为 82.7 分，2013 年为 76.8 分。

教育质量的指标之一是获得"优秀"评价（Алтын Белгі）的中学毕业生百分比。此类毕业生的数量在逐年增加（2014 年占总申请人数的 42.2%，2015 年占总申请者的 44.5%，2016 年占 53.7%）。在 2016 年，确认拥有出色知识并获得"优秀"证书的申请人中，阿拉木图市的占 85.9%，阿斯塔纳占 71.8%，曼格斯陶州占 70.6% 和巴甫洛达尔州占 68.7%。[①]

国家统一测试推出后，顺利实现了最初的目的和功能，即防止教育

---

① С.Ирсалиев，А.Култуманова & Э.Тулеков，*Национальный Доклад о Состоянии и Развитии Системы Образования Республики Казахстан*，Астана：АО «Информационно-аналитический центр»，2017，стр.223.

腐败的发生，确保社会正义并为毕业生能够公平进入大学创造条件。哈萨克斯坦社会学家和政治科学家联合会在 2012 年进行的社会学调查证明了这一点。69% 的受访者支持国家统一测试，并将其视为评估学生知识的可接受形式。受访者认为，国家统一测试具备许多优势。有 42.3% 的受访者认为，实施国家统一测试可以使许多学生在居住地入读大学。有 39.9% 的受访者认为，实施国家统一测试可以简化入学程序。

　　但是，国家统一测试也带来了一些负面的社会影响。如，用来评估毕业生的知识水平外，还用来作为评估教师和学校工作的重要甚至唯一指标，给所有教育工作者造成了极大的压力。同时，由于社会许多竞争都取决于国家统一测试的成绩，因此中学毕业班为了学生参加国家统一测试进行特殊辅导。这不利于学生的全面发展，也不利于学校其他科目的发展。

　　为了强调给考试参与者平等的条件，国家统一考试则根据义务教育国家标准的最低要求进行设计，旨在衡量毕业生的平均知识水平。但是目前对数学、体育等领域有特殊专长或者深入学习的学生缺少考虑，也就是说考试评价缺少考虑侧重专业性学习的成果。此外，使用从多个答案中选择一个标准答案的测试方式并不能揭示学生的真实知识以及思考和创造的能力。并且，测试无法衡量大多数学生的能力。例如，在数学测试中，国家统一测试题缺少考验学生逻辑思维和分析能力的问题。

　　国家统一测试的考试科目列表并未完全反映出未来专业的具体情况，仅凭一个专业科目来选择大学申请是远远不够的。因此，《哈萨克斯坦教育发展 2011—2020 国家纲要》中将国家统一测试分为两个程序，分别是国家统一考试和大学入学考试。自 2017 年开始，国家统一测试以国家统一考试的形式进行，学生可以在 14 门科目中选择两个核心科目考试，这取决于大学所选的专业。

二、中期国家考核

　　2005 年，为了评估四年级和九年级学生的知识水平，引入了中期国家考核（ПГК）。哈萨克斯坦共和国教育和科学部每年确定中期国家考核科目和参与考核的学校清单。2005 年，中期国家考核的覆盖率是 10% 的四年级学校和 20% 的九年级学校。截止到 2011 年，中期国家考核已覆盖哈萨克斯坦 90% 的学校。

经过多年的发展，四年级学生的数学成绩提高了 6.7 分，哈萨克语成绩提高了 6.7 分，世界知识课程的成绩提高了 2.6 分（满分 20 分）。九年级的情况与此类似，学生总体平均分数从 2005 年的 60 分提高到 2011 年的 90 分。[①] 此外，中期国家考核的结果还表明，在不同学科方面成绩有显著差异。例如，2011 年的物理学、哈萨克斯坦历史、2006 年的生物学和 2010 年的世界历史等学科的成绩分数最低。

学生在九年级阶段所进行的中期国家考核的成绩可预测这些学生在未来国家统一测试中的考试成绩，这有利于学校开展适当的工作来改善学生的学习情况。

三、学业外部评估

2012 年，哈萨克斯坦共和国对《教育法》进行了修订和补充，以优化哈萨克斯坦共和国教育和科学部的控制和监督职能，同时中期国家考核被取消。自 2012 年起，哈萨克斯坦引入仅以监测学童的知识质量为目标所进行的学业成绩外部评估（ВОУД），仅有 10%—20% 的学校作为样本参与评估。直到 2016 年，只有九年级的学生参加学业成绩外部评估。测试包含各类学校科目，其中哈萨克语是必选，剩下的科目由教科部每年确定。截止到 2016 年，学业成绩外部评估包含四门科目。

2016 年，学业成绩外部评估的满分为 75 分，共完成 60 项任务。不同难度级别的任务得分不同。自 2014 年以来，学业成绩外部评估中包含 30% 的评估学童核心素养的任务，2016 年的平均得分比 2015 年的低 4.11

---

① С.Ирсалиев，А.Култуманова & Э.Тулеков，*Национальный Доклад о Состоянии и Развитии Системы Образования Республики Казахстан*，Астана：АО «Информационно-аналитический центр»，2017，стр.225.

分，比 2014 年的结果低 6.33 分。①

像国家统一测试一样，学业成绩外部评估表明，城市学童比农村同龄人取得了更好的成绩。2012 年城市学童与农村同龄人的成绩差为 1.8 分，2013 年为 4 分，2014 年为 3.9 分，2015 年为 3.8 分，2016 年为 5.3 分。②哈萨克语和俄语教学的学生成绩水平也有所不同。2012 年，使用哈萨克语授课的学生成绩提高了 3.36 分。在随后的几年中，用俄语学习的学生成绩更好。

2016 年，四年级学生首次参加了学业成绩外部评估，主要包括两个科目，学生的平均成绩为 18.6 分（满分 25 分）。阿拉木图市、阿斯塔纳和科斯塔奈州的学生分数最高，南哈萨克斯坦、北哈萨克斯坦和曼格斯套州的学生平均分数最低。

除了上述集中在主要的学生学业成绩评估方式外，哈萨克斯坦也十分重视对教育机构和教育质量的评估与认证。2012 年，哈萨克斯坦历史上首次以国家元首的名义创建了统一的各级教育质量控制体系（Единая вертикаль контроля качества всех уровней образования），并创办了 16 个教育监管部门（ДКСО）。这些部门的职能之一是对中小学校进行评估认证。这一职能从教科部转移到这些部门可以对教育组织提供的服务质量进行独立和客观的评估。2012—2016 年，已有 6099 所学校通过了国家认证，已符合《国家教育标准》的要求。与 2015 年相比，2016 年未通过认证的学校占比下降了 5%。

近年来，哈萨克斯坦积极参与 TIMSS、PISA、PIRSS、ICILS 等国际测试，这对哈萨克斯坦的教育质量进行了独立客观的评估，也为哈萨克斯坦基础教育现代化发挥了重要作用。根据参与测试的结果，哈萨克斯坦

---

① C.Ирсалиев, А.Култуманова & Э.Тулеков, *Национальный Доклад о Состоянии и Развитии Системы Образования Республики Казахстан*, Астана：АО «Информационно-аналитический центр», 2017, стр.226.

② АО«ИАЦ»：*Аналитические отчеты «Результаты внешней оценки учебных достижений учащихся 9-х классов»*, 2016 年 12 月 19 日，见 http：//iac.kz/sites/default/files/20._ocenka_i_analiz_obrazovatelnyh_reform.pdf。

提出了有关改进教育计划、教科书、教师专业化培训和本国评估体系的建议。

TIMSS 是第一个对四年级和八年级学生科学和数学水平进行评估的国际研究，由国际教育成就评估协会（IEA）每四年举办一次，得到国际教育界的认可。世界上有 60 多个国家参与 TIMSS 测试，哈萨克斯坦参加了三次，分别是 2007 年、2011 年和 2015 年，测试参与者由 IEA 确定。由于技术原因，该测试不包括有特殊教育需求的儿童学校和使用乌兹别克语、维吾尔语和塔吉克语的学校。

在 TIMSS–2015 中，哈萨克斯坦进入了八年级数学排名前十位的国家。在自然科学领域，八年级学生的成绩（533 分）超过了世界上许多发达国家的同等成绩。哈萨克斯坦四年级学生的成绩（550 分）比全世界平均水平高 40 分。哈萨克斯坦在 TIMSS–2015 中的成绩提高迅猛，这得益于近些年来基础教育体系的稳定发展，得益于自然和数学教育内容的更新以及教师专业化发展质量的提升。

由 OECD 实施的 PISA 测试目的是对 15 岁以下学生的数学、自然科学和阅读素养进行评估。哈萨克斯坦参加了 2009 年、2012 年和 2015 年的 PISA 测试。与 2009 年相比，哈萨克斯坦在 PISA2012 中的成绩有所提高，与欧洲和中亚其他国家之间的差距缩小了近一半。但是，阅读性能仅略有改善，总体阅读素养结果仍然很低。与哈萨克斯坦国家内部测试一样，国际考试显示出城乡之间的教育质量、教学语言和家庭社会地位的持续差异。这在单一制国家中并不常见。因此，促进基础教育城乡均衡发展是哈萨克斯坦当前乃至未来的重要发展方向。

第五章　哈萨克斯坦技术和职业教育

　　哈萨克斯坦目前已构建较为完善的技术和职业教育体系。充分发挥技术和职业教育在工业化和现代化进程中的作用，促进国家经济多元化发展是哈萨克斯坦职业技术教育所担负的最大使命。2012 年，哈萨克斯坦在独联体国家中第一个提出技术和职业教育体系的改革。哈萨克斯坦政府积极推进职业技术教育改革，在"博洛尼亚进程"推动下，努力与国际接轨。通过加强与企业的合作教学，构建学工结合的培训基地与中心。通过加大教育投入和构建国家资格框架等措施，致力于满足国家经济社会发展的技术人才需要，推进其资源型经济向创新型工业经济的转轨。2018 年，哈萨克斯坦的技术和职业教育机构总数达到 821 所，其中公立机构 479 所，私立学校 342 所。[①] 学生总人数达到488712人，其中的275476人公费学习，213236 人自费学习，全国在预算内接受教育的学生数量达到 56.4%。

第一节　教育结构与规模

　　哈萨克斯坦的技术和职业教育（Техническое и профессиональное

[①] М.Атанаева，М.Аманғазы，Г.Ногайбаева，*Национальный Доклад о Состоянии и Развитии Системы Образования Республики Казахстан（по итогам 2018 года）*，Нур-Султан：Министерство образования и науки Республики Казахстан，АО «Информационно-аналитический центр»，2019，стр. 59-87.

образования，简称 ТиПО）是其中等教育的组成部分，它培养大众职业技术服务劳动干部，能够完成较高技术含量的经济领域干部，技术劳动行业的高技能专家。哈萨克斯坦的技术和职业教育一般是在基础中等教育（9 年初中）和 / 或普通中等（11 年高中）教育基础上在专业学校（училище）、中职学院（колледж）和高职学院（высший колледж）进行。教育机构的教学过程实施技术职业教育大纲，包括理论学习和教学生产相结合的师徒制技能培训过程。

一、结构变化

独立以后，哈萨克斯坦技术和职业教育进行了大幅度改革。1991—1999 年，初等职业教育在职业技术学校（профессионально-техническая школа）实施，中等专业教育在中职学院（колледж）进行。也就是说，中职学院作为中等职业教育机构属于高等教育体系，而职业技术学校属于普通中等教育系统。1999—2007 年，哈萨克斯坦初等职业教育的技能工人干部培养在职业学校（профессиональные школы，简称 ПШ）和职业实科中学（профессиональные лицеи，简称 ПЛ）实施，中等职业教育在中职学院（колледж）、专业学校（училище）实施。初等和中等职业教育都属于中等教育体系。2007 年起，技术和职业教育成为中等教育的一部分。最初的中等文凭专家在中职学院、职业学校、高等技术学校（высшие технические школы）进行教学，2015 年开始高等技术学校换名为高职学院（высший колледж）。

20 世纪 80—90 年代，哈萨克斯坦所有大企业都有自己的职业技术学校，因此，在 90 年代末的经济衰退和向市场经济转变过程中很大一部分职业技术学校被关闭。哈萨克斯坦独立初期的 693 所技术和职业教育机构中，446 所是初等职业学校，247 所是中等职业学校。1991—1998 年全国共减少了 83 所职业技术教育机构。1999 年起，国家迎来经济的快速崛起，工业和建筑业的快速发展呈现出对大量职业技术人才的需求。

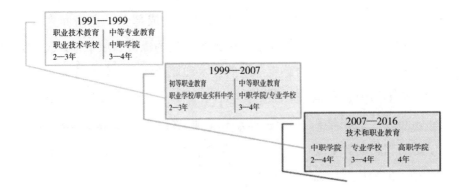

图 5–1　哈萨克斯坦技术和职业教育学制改革图

二、机构与规模

1. 机构网络

技术和职业教育在哈萨克斯坦被称之为早日融入职业劳动行业最便利的"社会电梯"，学习者可选择中职学院和高校开始自己的专业学习。技术和职业教育实行的"双元制"教育模式（дуальное обучение），使用的实践学习机会是技工培养的又一个优势，这使中职学院的毕业生能够和拥有高等教育文凭者进行成功的竞争。

1999—2011 年，哈萨克斯坦的技术和职业教育机构网络增长了 47%。2012—2016 年间，技术和职业教育开始实施职业化改革。在 2016 年新增的 10 所技术和职业教育机构中的 5 所是高等教育机构附属学校。他们分别是：南哈州国立技术大学中职学院（колледж ЮКГТУ им. М. Ауезова），东哈州国立技术大学高职学院（высший технический колледж ВКГТУ им. Д.Серикбаева），卡拉干达国立技术大学创新技术学院（колледж инновационных технологий при КарГТУ），卡拉干达国立工业大学技术经济学院（технико-экономический колледж при КГИУ），塔拉兹国立大学卡拉套矿业技术学院（Каратауский горно-техническийколледж ТарГУ им. М.Х. Дулати）。① 实现教育服务多元化是大学开设职业学院的原因之一。

---

① С.Ирсалиев，А.Култуманова，Э.Тулеков，《*Национальный Доклад о Состоянии и Развитии Системы Образования Республики Казахстан*》*2016 год*，Астана：АО 《Информационно-аналитический центр》，2017，стр.252.

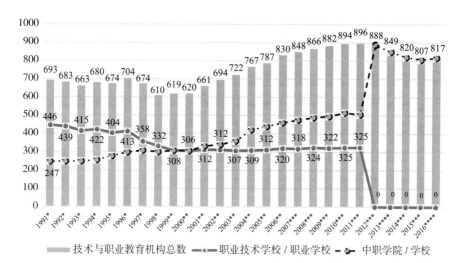

图5–2　1991—2016年哈萨克斯坦技术与职业教育机构数量（所）

注：* 职业技术学校，中职学院；** 职业学校，职业理科中学，中职学院，专业学校；*** 中职
　　学院，专业学校，高等技术学校；**** 中职学院，专业学校，高职学院。
资料来源：哈萨克斯坦共和国教育与科学部。

　　计划经济向市场经济的转变使私立教育机构得以建立和扩大。最初的 11 所私立职业学校是在 1994 年成立的。（具体见图 5–3）[1] 从 2000—2008 年初，随着石油产量的提高和石油价格的上涨，哈萨克斯坦经济开始复苏，国内生产总值平均每年增长 10%。2009 年启动的 190 个新项目创造了 12300 个工作岗位。2010 年出台的 958 号总统指令《哈萨克斯坦共和国 2010—2014 国家工业创新发展计划》（ГПФИИР）[2] 要求为国家优先发展的经济部门提供合格的技术人力资源。但是，因为快速增长的私立教育机构缺乏对市场和企业主需求的充分考虑和研究，使整个技术和职业教育体系也开始出现教育质量下降和人才培养不合格等问题。2016 年，哈萨克斯坦的私立教育机构已占总数的 43%。

　　哈萨克斯坦各地州的技术和职业教育机构数量不同。从 2012—2016

① С.Ирсалиев，А.Култуманова，Э.Тулеков，《*Национальный Доклад о Состоянии и Развитии Системы Образования Республики Казахстан*》*2016 год*，Астана：АО 《Информационно-аналитический центр》，2017，стр. 256.

② Указ Президента РК №958 《*О Государственной программе по форсированному индустриально-инновационному развитию Республики Казахстан на 2010-2014 годы*》 от 19.03.2010г.

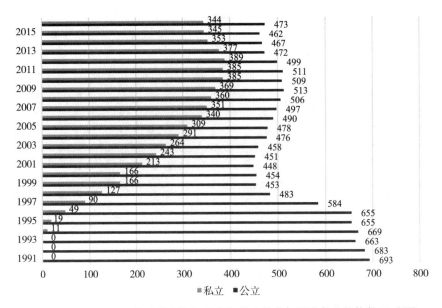

图5–3　1991—2016年哈萨克斯坦公立和私立技术与职业教育机构数量（所）

年的发展情况来看，南哈州的职业教育机构最多，其次是东哈州和卡拉干
达州。但在2016年，这三个地区都有减少。（具体见图5–4）①

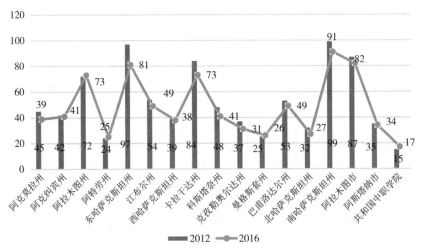

图5–4　2012年和2016年哈萨克斯坦各地州的技术与职业教育机构数量（所）

---

① С.Ирсалиев，А.Култуманова，Э.Тулеков，*«Национальный Доклад о Состоянии и Развитии Системы Образования Республики Казахстан» 2016 год*，Астана：АО «Информационно-аналитический центр»，2017，стр.258.

对于希望早日进入职业教育领域的中学生来说，中职学院（колледж）应该是最理想的选择。完成学业走向成人社会的学员，既有职业教育毕业证书，又掌握了某一种专业技能。2018 年哈萨克斯坦全国的中职学院达821 所，其中公立 479 所，私立 342 所。与 2016 年相比，公立中职学院增加了 6 所。大部分公立中职学院位于哈萨克斯坦北部地区，其中阿克莫拉州和科斯塔奈州占 82%，三个直辖市阿拉木图市，奇姆肯特市和努尔苏丹市的私立中职学院最多。① （具体见图 5-5）

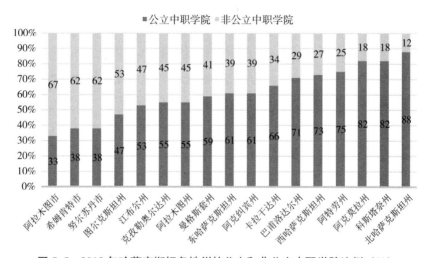

图 5-5　2018 年哈萨克斯坦各地州的公立和非公立中职学院比例（%）

农村的中职学院在保障地区社会经济发展人才需求方面起到重要作用。虽然在 1991—2016 年，哈萨克斯坦农村技术和职业教育机构网络扩大 56%，人数增长 68%，但是位于农村的中职学院数量依然很少。2016年，在全国 817 所技术与职业教育机构中只有 169 所在农村。② （具体见

① М.Атанаева，М.Аманғазы，Г.Ногайбаева，*Национальный Доклад о Состоянии и Развитии Системы Образования Республики Казахстан（по итогам 2018 года）*，Нур-Султан：Министерство образования и науки Республики Казахстан，АО «Информационно-аналитический центр»，2019，стр.93.

② С.Ирсалиев，А.Култуманова，Э.Тулеков，*«Национальный Доклад о Состоянии и Развитии Системы Образования Республики Казахстан» 2016 год*，Астана：АО «Информационно-аналитический центр»，2017，стр.264.

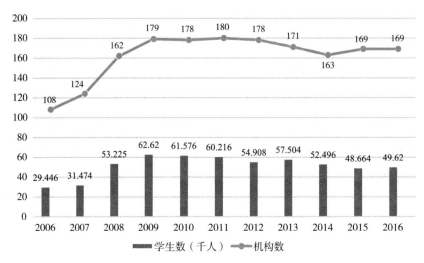

图 5-6　1991—2016 年哈萨克斯坦农村技术与职业教育机构及学生数量

图 5-6）

2018 年，哈萨克斯坦的农村中职学院占总量的 11%。全国 14 个州的农村中职学院发展情况不同。[①] 从学校数量来看，在全国 174 个农村中职学院中，阿拉木图州（29 所）和图尔克斯坦州（25 所）排在前两位，曼格斯套州（5 所）和阿特劳州（6 所）排在后两位。全国的学员总人数是54185 名，其中图尔克斯坦州学员最多（15049 人），阿特劳州的人数最少（1086 人）。

2.学生规模

对于年轻人来说，技术和职业教育阶段是至关重要的，而这一教育过程的关键在于将理论知识与生产实践结合起来进行教学。提供免费的食宿和制服是哈萨克斯坦技术和职业教育最吸引青年人的原因之一。接受技术和职业教育的学生人数从 1991 年的 46.4 万变成 2016 年 48.92 万，增长率只有 5.4%。在公立教育机构的学生占 58%，私立教育机构的占 42%。

---

① М.Атанаева，М.Аманғазы，Г.Ногайбаева，*Национальный Доклад о Состоянии и Развитии Системы Образования Республики Казахстан（по итогам 2018 года）*，Нур-Султан：Министерство образования и науки Республики Казахстан，АО «Информационно-аналитический центр»，2019，стр.93.

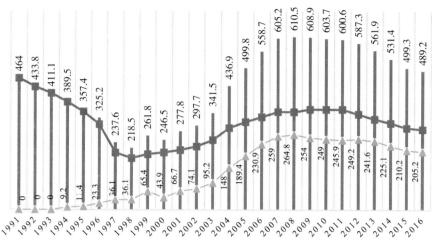

图5–7　1991—2016年哈萨克斯坦技术与职业教育机构学生人数（千人）

资料来源：哈萨克斯坦共和国教育与科学部。

（具体见图5–7）这些年，私立学校的人数共增长了22倍。2004—2007年，9年级基础上升学的初等职业教育人数（99350，142160）增长了1.4倍，11年级毕业后升学的学生人数（111564，97483）减少了1.2倍。①

2017年，全国技术和职业教育机构的学生总人数是489198人，其中公立学校204522人，私立学校284676人。在接受全日制教学的学生当中，公立学校有258033人，私立学校有168384人。公立学校的函授生是25604人，私立学校是33986人。夜校的学生中，公立学校有1039人，私立学校有2152人。②

哈萨克斯坦独立初期的技术和职业教育费用均由国家承担，直到2016年只有50%的学生能够得到公费学习的机会。2017年的公费生人数是263296人，自费生225902人。就从学生人数最多的南哈州（74160人）来看，公费生有34557人，自费生有39603人。

---

① С.Ирсалиев，А.Култуманова，Э.Тулеков，《*Национальный Доклад о Состоянии и Развитии Системы Образования Республики Казахстан》2016 год*，Астана：АО 《Информационно-аналитический центр》，2017，стр.259.

② *Национальный сборник 《Статистика системы образования Республики Казахстан》*，Астана：АО《Информационно-аналитический центр》，2018，стр.253-258.

坐落在城市的 647 所中职学院就读的大部分学员也都是来自农村的年轻人。2018 年全国技术和职业教育机构 488712 名学生中，231449 名是农村居民（占总数的 47%）。他们中的 177264 人在城市学习，54185 人在农村学习。[①]（具体见图 5-8）

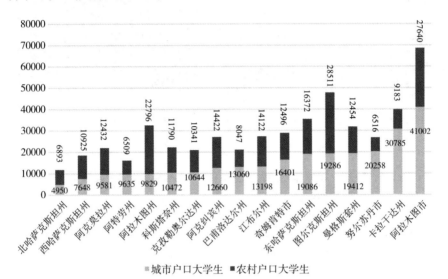

图 5-8 2018 年技术和职业教育机构中的农村户口青年人数（人）

在哈萨克斯坦的技术和职业教育系统中还有一部分外国留学生。因招收了大批国外哈萨克族公民，2008 年的学生总数达到 5304 人。2016 年的大部分国际生来自乌兹别克斯坦、俄罗斯、中国和蒙古国。[②]（具体见图 5-9）2018 年的 3055 名国际生当中，722 名是哈萨克族的外国公民，594 名是其他国家的留学生。[③]大部分俄罗斯学生在此学习医学、厨师、会计

① М.Атанаева，М.Аманғазы，Г.Ногайбаева，*Национальный доклад о состоянии и развитии системы образования Республики Казахстан（по итогам 2018 года）*，Нур-Султан：Министерство образования и науки Республики Казахстан，АО 《Информационно-аналитический центр》，2019，стр.87.

② С.Ирсалиев，А.Култуманова，Э.Тулеков，《*Национальный доклад о состоянии и развитии системы образования Республики Казахстан*》2016 год，Астана：АО 《Информационно-аналитический центр》，2017，стр.265.

③ М. Атанаева. *Национальный доклад о состоянии и развитии системы образования Республики Казахстан（по итогам 2018 года）*. Министерство образования и науки Республики Казахстан，АО 《Информационно-аналитический центр》. 2019：96.

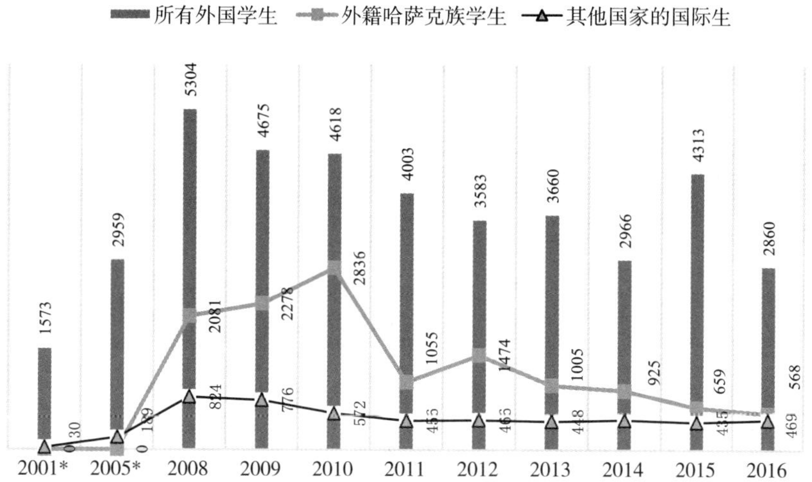

■ 所有外国学生　 ■ 外籍哈萨克族学生　△ 其他国家的国际生

图 5–9　2001—2016 年哈萨克斯坦技术与职业教育机构的外国学生人数（人）

注：2001 年和 2005 年的数据中不包括外国的哈萨克族公民。

和翻译专业。乌兹别克斯坦和蒙古国学生多数选择医学和师范类专业。

　　根据调查，到了 2022 年，蓝领专业将成为哈萨克斯坦最受欢迎的职业。[①] 预计在未来几年，哈萨克斯坦对理发师、化妆师、美容师、干洗和油漆工人、服装设计师以及公寓、家具、电器、电视设备修理专家，摄影工作室工作人员等专业人员的需求将不断增加。

第二节　专业设置及教学内容

　　随着 1999 年《哈萨克斯坦共和国教育法》的通过，2000 年制定并开始实施了"初等和中等职业教育专业分类表"（«Классификатор специаль-ностей начального и среднего профессионального образования»），以取代 1991—1999 年使用的"职业和技术教育职业和专业目录"（«Перечня

---

① М.Атанаева，М.Аманғазы，Г.Ногайбаева，*Национальный доклад о состоянии и развитии системы образования Республики Казахстан*（*по итогам 2018 года*），Нур-Султан：Министерство образования и науки Республики Казахстан，АО «Информационно-аналитический центр»，2019，стр. 86.

профессий и специальностей профессионально-технического образования»）。专业分类表包括中等职业教育 371 个专业和初等职业教育 297 个职业。2004 年对专业分类表中 676 个专业的职业教育水平和阶段进行了修改，其中包括 305 个初等职业教育职业。同时，制定并确认了初等和中等职业教育的 314 个标准。《国家义务教育标准分类表》是制定初等和中等职业教育专业标准的依据。第一批初等和中等职业教育国家义务教育标准对毕业生职业和专业教学内容与水平，教学大纲的必修和选修部分提出了相应的要求。2008—2012 年，根据企业雇主和劳动市场的需求，制定了能够帮助学生形成基础性和专业性技能的 230 个职业标准和 224 个综合教育计划。在世界银行《技术和职业教育现代化》项目框架内，2012—2015 年更新了 147 个教育模式计划，它包含了 673 个职业内容。2016 年通过的《技术职业教育和中等后教育国家教育标准》充分考虑到了不同地区工人教学计划的灵活性和流动性，给中职学院赋予了能够更改每一门课（模式）30% 的教学时间和 50% 的职业培训和实践时间的权利。

　　在哈萨克斯坦技术和职业教育中，2018 年最受欢迎的领域是教育类、医学和药学类及服务、经济和管理类专业。教育类、服务、经济和管理类的大部分学生由国家委培。[1] 建筑和公共事业类的 90%，生产、安装、开采类的 84%，农业的 83%，通信、电信和信息技术的 79% 学生均由国家培养；医学和药学类学生只有 21% 有奖学金。从 2014—2018 年的公费生和自费生数量来看，公费名额在增加。2016 年起，由于技术和职业教育入学率的大幅下降，2018 年国家增加了 18472 个公费学习名额。[2]（具体

---

[1]　М.Атанаева, М.Аманғазы, Г.Ногайбаева, *Национальный доклад о состоянии и развитии системы образования Республики Казахстан*（*по итогам 2018 года*），Нур-Султан：Министерство образования и науки Республики Казахстан, АО «Информационно-аналитический центр», 2019, стр.91.

[2]　М.Атанаева, М.Аманғазы, Г.Ногайбаева, Национальный доклад о состоянии и развитии системы образования Республики Казахстан（по итогам 2018 года），Нур-Султан：Министерство образования и науки Республики Казахстан, АО «Информационно-аналитический центр», 2019, стр.88.

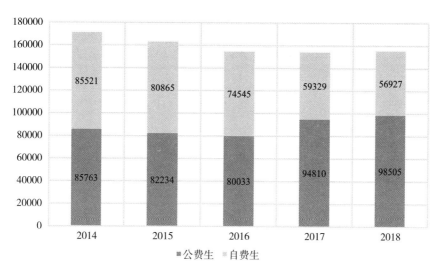

图 5-10　技术和职业教育 2014—2018 年入学的预算内学生和自费生数量（人）

见图 5-10）

　　应用型学士（Прикладной бакалавриат）是哈萨克斯坦技术和职业教育的一个新发展方向。[1] 它是职业教育体系中的定向就业专家培训方式，完成四年应用型学士培养计划的学生将成为既掌握理论知识，又具备实践技能的高等教育专业人才。从 2018 年的专业分配比例来看，大部分学生依然选择了成为中级专家的专业（74.2%），25% 选择工人类的专业，应用型学士比例非常低，只有 0.6%。[2]

　　促进双元制教育模式由欧盟提出，是技术职业教育在 2020 年前要达到的主要目标之一。"双元制"教育（Дуальное обучение）是一种职业院校和企业相结合的职业教育模式，突出以企业为主的培训与实践，是将学校的理论知识通过企业付诸实践的重要途径，是一种校企合作、工学

① Е.Нурланов，М.Аманғазы，Г.Ногайбаева，*Национальный доклад о состоянии и развитии системы образования Республики Казахстан*（*по итогам 2017 года*），Астана：АО «ИАЦ»，2018，стр.146.

② М.Атанаева，М.Аманғазы，Г.Ногайбаева，*Национальный доклад о состоянии и развитии системы образования Республики Казахстан*（*по итогам 2018 года*），Нур-Султан：Министерство образования и науки Республики Казахстан，АО «Информационно-аналитический центр»，2019，стр. 91.

结合的人才培养模式。哈萨克斯坦职业学院的双元制教育从 2012 年起开始实施。与 2013 年相比，2016 年以双元制模式实施人才培养的职业学校增加了 245 所。[1]（具体见图 5–11）382 所技术类和农业类学院与 2433 个企业按照 80 个专业和 160 个技能项目进行合作。按照教学大纲要求，在双元制教学模式下，教育机构的理论教学不得少于 41 周，占总课时量的 34%；专业实习时间占总课时的 66%，其中教学实践 12 周，技能实习 23 周，生产实习 44 周。

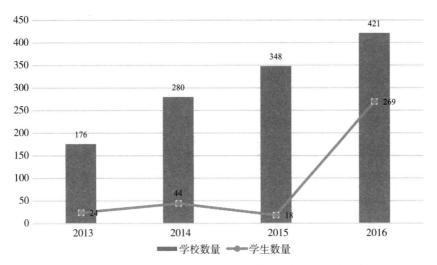

图 5–11　2013—2016 年实施双元制教育教学的学校数量与学生人数（百人）

目前在双元制教育框架下，哈萨克斯坦的技术和职业教育机构、地区教育管理部门、企业和全国工商会"阿塔梅肯"（НПП «Атамекен»）之间签订了合作备忘录和协议，已有 46 家控股企业与 50 所中职学院签订了社会伙伴关系协议，双元制教育涵盖了 32 个专业的 1200 名学生。[2]

① С.Ирсалиев，А.Култуманова，Э.Тулеков，《*Национальный доклад о состоянии и развитии системы образования Республики Казахстан*》*2016 год*，Астана：АО «Информационно-аналитический центр»，2017，стр.291.

② С.Ирсалиев，А.Култуманова，Э.Тулеков，《*Национальный доклад о состоянии и развитии системы образования Республики Казахстан*》*2016 год*，Астана：АО «Информационно-аналитический центр»，2017，стр.293.

《哈萨克斯坦 2016—2019 国家教育与科学发展规划》（Государственная программа развития образования и науки Республики Казахстан на 2016— 2019 годы）要求中职学院要在 2019 年前在技术、工艺和农业类专业将双元制教育比例提高到 80%。这一指标的实现将促进国家企业界的积极性和社会责任感。

第三节　教学条件与环境

在技术和职业教育机构毕业生的专业能力建设中，是否拥有相应的物质技术基础和合格的工程教育人员是至关重要的，这也是企业家最看中的。独立初期，由于经济原因，物质保障跟不上导致教学质量下降，教学人员流失，基础设施破损严重等一系列问题。2003 年，45% 的职业学校要求进行大修。2007 年，全国 54% 的学校用已经非常老化了的教学设备进行教学。2008 年出台的 N626 号总统令通过的《哈萨克斯坦共和国 2008—2012 年技术和职业教育国家发展计划》[①] 对优化教育环境起到了重要作用。2008—2016 年，教学培训车间增加了 9.8%，教室增加了 768 间。在 2016 年，全国 64% 的专业学校都坐落在标准化的教学建筑中，其他 36% 是经过维修的，1442 个车间配备了现代化设备。

信息化作为现代教育空间的主要发展规律，在哈萨克斯坦也得到了足够的重视。2008—2016 年，全套的互动设备数量增加了 8.4 倍，计算机教室的数量增加了 1.4 倍。[②]（具体见图 5-12）在信息化时代，新一代技术职业人员的培养是离不开计算机技术的纳入的。2018 年，在教学中

---

① Указ Президента РК N 626 от 01.07.2008г. «О Государственной программе развития технического ипрофессионального образования в Республике Казахстан на 2008-2012 годы»，2019-12-13，https://online.zakon.kz/document/? doc_id=30193614。

② С.Ирсалиев，А.Култуманова，Э.Тулеков，«Национальный доклад о состоянии и развитии системы образования Республики Казахстан» 2016 год，Астана：АО «Информационно-аналитический центр»，2017，стр.280.

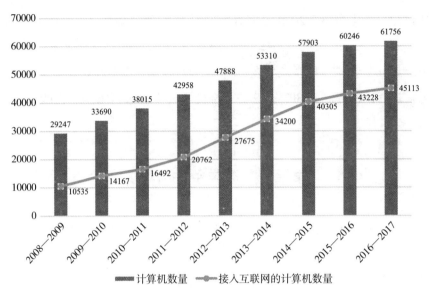

图5-12 技术和职业教育教学中使用的计算机数量及因特网接入情况

使用的计算机数量为 60808 台，平均每 8 人能够使用 1 台电脑。[1] 全国实现互联网连接的职业学院比例达到 80.5%，获得最高指标的城市有努尔苏坦市、巴甫洛达尔州和曼格斯套州。[2]

在哈萨克斯坦，为学生提供住宿仍然是一个棘手的问题。2012年，全国平均 65.7% 的技术和职业教育机构能够提供住宿。阿克纠宾州（88.8%）、西哈萨克斯坦州（88.4%）和阿拉木图州（87.1%）的宿舍供应率最高，阿特劳州（15%）和东哈萨克斯坦州的最低（31.5%）。[3] 在 2016年的 817 所技术和职业教育机构中，只有 390 所能够为学习者提供宿舍，

① Национальный сборник «Статистика системы образования Республики Казахстан», Астана：АО«Информационно-аналитический центр», 2018, стр.278.

② М.Атанаева, М.Аманғазы, Г.Ногайбаева, *Национальный доклад о состоянии и развитии системы образования Республики Казахстан（по итогам 2018 года）*, Нур-Султан：Министерство образования и науки Республики Казахстан, АО «Информационно-аналитический центр», 2019, стр. 347.

③ С.Ирсалиев, А.Култуманова, Э.Тулеков, *«Национальный доклад о состоянии и развитии системы образования Республики Казахстан» 2016 год*, Астана：АО «Информационно-аналитический центр», 2017, стр.281.

其中 296 所为公立专业学院。2018 年，在全国能够得到住宿保障的中职学院学生比例达到 73%。[①]

接受技术和职业教育的学员多数为 15—24 岁年龄段的年轻人。2018 年，这一年龄段只有 16.5% 的人在该教育系统中学习。此外，在哈萨克斯坦 15—28 岁年轻人当中，有 8.7% 是 NEET（不上学、不工作的啃老一族）。[②]2017 年启动的《技术和职业教育对所有人免费》项目[③] 基本实现了技术类、农业类和服务类专业的全面覆盖，有效解决了青少年的无业问题，增加了工人干部数量，满足了所有想在技术和职业教育机构免费学习的年轻人的愿望。作为该项目的受益者，9 年级和 11 年级的毕业生，没有考上大学或正在找工作者，以及经济上有困难和低保家庭的子女都可以申请。获得该项目的学员能够得到一次性的奖学金和伙食、交通补助。

第四节　师资队伍

教师（преподаватель）和生产教学师傅（技师，мастеров производственного обучения）的专业化水平是技能工人和中级职称专家培训能否得到质量要求的关键。1995—1997 年，由于无法得到足够的社会保障，初等职业教育机构的大部分工作人员开始外流。[④] 具体见图 5–13。

① М.Атанаева，М.Аманғазы，Г.Ногайбаева，*Национальный доклад о состоянии и развитии системы образования Республики Казахстан（по итогам 2018 года）*，Нур-Султан：Министерство образования и науки Республики Казахстан，АО «Информационно-аналитический центр»，2019，стр. 343.

② Е.Нурланов，М.Аманғазы，Г.Ногайбаева，*Национальный доклад о состоянии и развитии системы образования Республики Казахстан（по итогам 2017 года）*，Астана：АО «ИАЦ»，2018，стр.42.

③ Приказ МОН РК №728 от 29.12.2016г. *Проект «Бесплатное ТиПО для всех»*，2019-12-16，https://online.zakon.kz/Document/? doc_id=39861501.

④ С.Ирсалиев，А.Култуманова，Э.Тулеков，*«Национальный доклад о состоянии и развитии системы образования Республики Казахстан» 2016 год*，Астана：АО «Информационно-аналитический центр»，2017，стр.282-283.

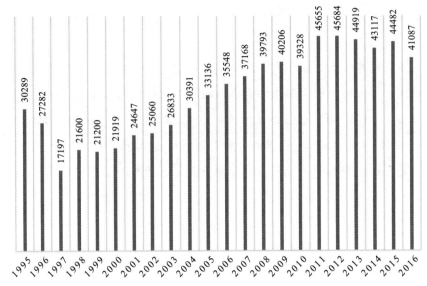

图5–13　1995—2016年工程教育工作者的人数变化（人）

随着学校网络的扩展和学生数量的增加，工程教育工作者（Инженерно-педагогические работники，简称ИПР）的人数有所提高。报酬少、社会地位低等原因，成为年轻专家想要离开的理由。

2012—2016年，技术和职业教育系统的生产教学师傅（мастер）人数变化不明显，只增加了73人。2016年，在全国41087名工程教育工作者中只有6111位技师进行教学，其中366人来自生产第一线。25—54岁的教师和生产教学师傅占总数的70%左右，与2012年相比，2016年减少了2.7%。55岁以上的工程教育工作者占18.8%，25岁以下的占8.4%。据教育部统计，2016年系统中依然有1242名65岁及年长的工作人员在实施教学。

从学位拥有情况来看，2013—2016年的全国工程教育工作者中，2014年的博士（374人）和副博士（687人）人数最多，2015年的硕士学位拥有者达到2411人。2016年，这三个学位指标均有下降。[1] 从教师

① С.Ирсалиев，А.Култуманова，Э.Тулеков，«Национальный доклад о состоянии и развитии системы образования Республики Казахстан» 2016 год，Астана：АО «Информационно-аналитический центр»，2017，стр.284.

的职称情况来看，2017年全国29959位教师中有7256人具有高级职称，5825人是一级，6555人是二级职称，10323人没有职称。在全国5977位技师中，3853位具有高等学历，602人拥有高级职称，955人是一级，1861人是二级，2559人没有职称。[1]

工程教育工作者的进修和实习，包括在生产企业中的培训是提高教学质量，让毕业生快速适应未来工作要求的保障。现代教学中心的技术和职业教育专家培训一般在大型国有公司进行。在国家委培计划内，每年约1000名中职学院教师在乌尔雷（Өрлеу）股份公司进行培训。2000—2016年共有10万名工程教育工作者参加了培训。[2]（具体见图5-14）

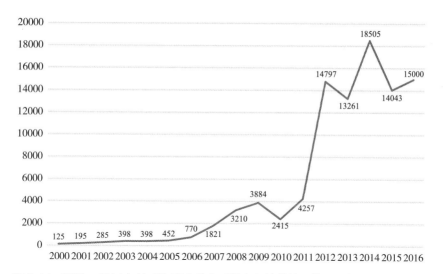

图5-14 2000—2016年技术和职业教育系统参加技能培训的工程教育工作者人数

2018年哈萨克斯坦技术和职业教育的工程教育人员达到42466人，与2016年相比，增加了1379人。生产技师有5952人，占总数的13%，

① Национальный сборник «Статистика системы образования Республики Казахстан», Астана：АО«Информационно-аналитический центр»，2018，стр.273-275.

② С.Ирсалиев，А.Култуманова，Э.Тулеков，«Национальный доклад о состоянии и развитии системы образования Республики Казахстан» 2016 год，Астана：АО «Информационно-аналитический центр»，2017，стр.285.

由于各种原因近几年技师的流失比较严重。[①]（具体见图 5–15）

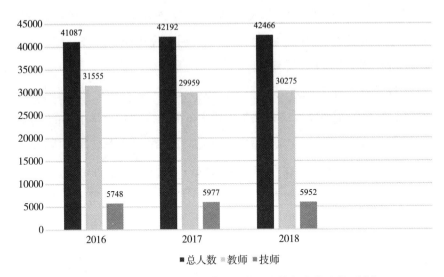

图 5–15　2016—2018 年中职学院教师和技师人数变化（人）

　　2018 年，哈萨克斯坦技术和职业教育师资队伍质量有所提高。教学人员的学位和职称均有显著提升。PhD 博士 132 人，副博士学位 377 人，硕士 3598 人。[②] 拥有硕士学位人数最多的是阿拉木图市（24.5%）和努尔苏坦市（16.3%），人数最少的是北哈萨克斯坦州（6.7%）和西哈萨克斯坦州（7.9%）。与此同时，在哈萨克斯坦技术和职业教育领域，还有 13344 名没有职称的教学人员。2018 年，有高级职称的占 22%，一级职称的 18%，二级职称的 22%，没有职称的占 37%。出现这一问题的主要原因是大部分新进年轻人还没有职称。原因是，即使拿上了高级职称工资

①　М.Атанаева，М.Аманғазы，Г.Ногайбаева，*Национальный доклад о состоянии и развитии системы образования Республики Казахстан*（*по итогам 2018 года*），Нур-Султан：Министерство образования и науки Республики Казахстан，АО «Информационно-аналитический центр»，2019，стр. 239.

②　М.Атанаева，М.Аманғазы，Г.Ногайбаева，*Национальный доклад о состоянии и развитии системы образования Республики Казахстан*（*по итогам 2018 года*），Нур-Султан：Министерство образования и науки Республики Казахстан，АО «Информационно-аналитический центр»，2019，стр. 240.

也不会涨，所以多数人不会去争取。

经合组织专家认为，技术和职业教育教师应该定期接受在职培训。2018 年，哈萨克斯坦 15774 名教师参加培训，占教师总数的 37%。他们当中，234 人在海外培训中心，277 人在国际项目框架内，547 人在企业培训基地，4259 人在乌尔雷股份公司，6767 人在其他培训机构参加培训。① 为了能够培养出符合现代发展趋势和要求的专家，职业教育机构的教师要定期在生产部门参加培训。在全国 36227 位技师和教师中，2018 年只有 547 人参加了企业实习，1249 人在学校和企业兼职工作。

第五节　经费投入

经费投入是职业教育发展的重要保障。大力投资教育既是一个国家政治意志的体现，也是保持经济增长、改善民生和开发人力资源的重要保障。哈萨克斯坦政府不断提高技术和职业教育的投入总量，并形成了以政府投入为主、提倡融资渠道多元化的经费投入模式。2001—2016 年，哈萨克斯坦技术和职业教育的国家预算支出几乎没有改变，占 GDP 的 0.2%—0.3%。(具体见图 5-16) 这一指标远远低于其他国家。例如，捷克、波兰和斯洛伐克 2003—2004 学年的技术和职业教育 GDP 占比就达到了 0.97%、0.56%、0.58%。② 虽然哈萨克斯坦的这一投入额比中等教育投入低 13.5 倍，但是依然符合发展规律。在经合组织成员国的预算投入比例中，中等教育和技术职业教育二者的差距是 5.2 倍。

2018 年，哈萨克斯坦技术和职业教育系统中 56.4% 的学生在预算内

① М.Атанаева，М.Аманғазы，Г.Ногайбаева，*Национальный доклад о состоянии и развитии системы образования Республики Казахстан（по итогам 2018 года）*，Нур-Султан：Министерство образования и науки Республики Казахстан，АО «Информационно-аналитический центр»，2019，стр. 243.

② С.Ирсалиев，А.Култуманова，Э.Тулеков，*«Национальный доклад о состоянии и развитии системы образования Республики Казахстан» 2016 год*，Астана：АО «Информационно-аналитический центр»，2017，стр.293-294.

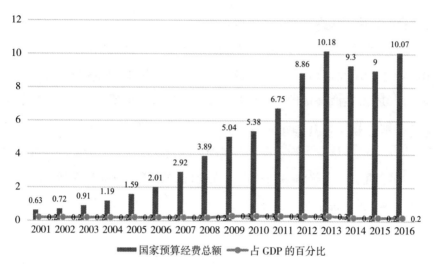

图 5-16 2001—2016 年技术和职业教育国家预算经费总额
（千万坚戈）及占 GDP 中的比例（%）

学习，北哈州、阿克莫拉州和科斯塔奈州的比例较高，努尔苏丹市、阿拉木图市和奇姆肯特市比例较低。① （具体见图 5-17）

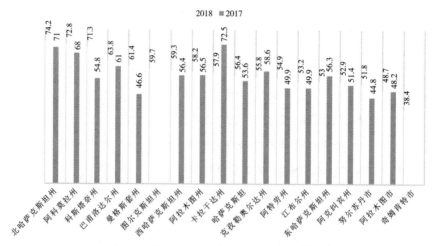

图 5-17 2017—2018 年国家预算内培养的学生占总人数的比例（%）

---

① M.Атанаева，М.Аманғазы，Г.Ногайбаева，*Национальный доклад о состоянии и развитии системы образования Республики Казахстан（по итогам 2018 года）*，Нур-Султан：Министерство образования и науки Республики Казахстан，АО «Информационно-аналитический центр»，2019，стр.338.

资金是确保技术和职业教育质量必不可少的条件。发达国家的教育支出比哈萨克斯坦高 2.5—3 倍。这也是哈萨克斯坦技术和职业教育系统缺乏教师和生产技师的原因之一。2016 年，哈萨克斯坦技术和职业教育在地方预算中的平均占比是 2.4%，比 2015 年增长 0.1%。[①] 占比最高的地区是卡拉干达州（4.1%）和巴甫洛达尔州（3.6%），最低的是阿特劳州（1.2%）和阿斯塔纳市（1.3%）。2018 年哈萨克斯坦的地方预算支出比例为 2.7%，曼格斯套州的预算支出比例大幅度增加，已达到 6%。[②]（具体见图 5–18）

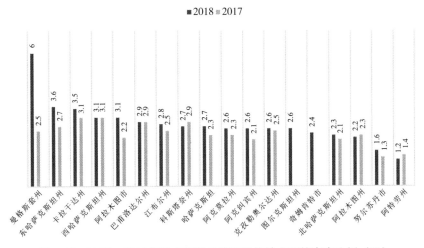

■2018 ■2017

图5–18　2017—2018年技术和职业教育机构地方预算支出比例（%）

哈萨克斯坦技术和职业教育生均费用（Расходы на обучение одного специалиста）在逐年增长。2018 年在共和国范围内的平均值是 41.36 万坚戈。生均费用最多地区的是阿拉木图市（63.95 万坚戈）和曼格斯套州（63.57 万坚戈），最少的是奇姆肯特市（12.99 万坚戈）。最高值和最低值

①　С.Ирсалиев，А.Култуманова，Э.Тулеков，《Национальный доклад о состоянии и развитии системы образования Республики Казахстан》 2016 год，Астана：АО 《Информационно-аналитический центр》，2017，стр.402.

②　М. Атанаева. Национальный доклад о состоянии и развитии системы образования Республики Казахстан (по итогам 2018 года). Министерство образования и науки Республики Казахстан，АО 《Информационно-аналитический центр》. 2019：340.

之间的差距是 50.96 万坚戈。①

利用私人或企业的经费投入加快技术和职业教育发展，给技术和职业教育领域的生产实习生投资已成为大多数经合组织成员国的传统做法。但在哈萨克斯坦的商业界，对此投资的积极性不高，而且投资额度逐年下降。2018 年，企业主资助的学生只占总人数的 0.5%。从各地区企业主资助的学生占总人数的比例来看，卡拉干达州（2.2%）、巴甫洛达尔州（1.0%）和阿拉木图市（0.7%）的投入最多，西哈州（0.1%）、图尔克斯坦州（0.1%）和奇姆肯特市（0.05%）最低。②

第六节　教育管理

职业教育与经济以及社会发展有着密切的联系。独立前的哈萨克斯坦职业技术教育管理是在国家权力基础上进行的。高度集权的统一管理模式，限制了地方和学校办学的自主性。从 1990 年起，国家开始依靠市场资源来提高管理水平。但这种对市场机制的依赖并没有削弱政府在治理中的作用，政府继续在公立和私立学校的监管中发挥着非常重要的作用。

政府对技术和职业教育采取专门化的管理制度。哈萨克斯坦教育与科学部及其下设的职业技术教育署负责管理职业技术教育系统的运行和发展，负责制定和推行国家职业教育政策、起草国家职教教育法规、制定国家职业教育标准、发布关于职业教育的国家命令等。教育与科学部在全国各地设有直辖或分级的教育管理部门，负责管理各行政区的教育，在区内推行各项政策并保障法律法规的落实，各类院校可以根据国家教育标准自主设置课程。

---

① M. Атанаева. *Национальный доклад о состоянии и развитии системы образования Республики Казахстан（по итогам 2018 года）*. Министерство образования и науки Республики Казахстан，АО «Информационно-аналитический центр». 2019：341.

② M. Атанаева. *Национальный доклад о состоянии и развитии системы образования Республики Казахстан（по итогам 2018 года）*. Министерство образования и науки Республики Казахстан，АО «Информационно-аналитический центр». 2019：338.

哈萨克斯坦技术和职业教育管理权的下放和分权趋势有利于发展职业教育融资的多样性，增强职业教育机构的办学力量。在国家工业创新发展背景下，政府将技术院校管理权逐渐下放到地方政府。各级地方政府重新调整政府与学校之间的权利分配，将管理权交于学校本身，使学校能够灵活应对市场经济的发展变化。

第七节　就业状况

就业是毕业生的需求和教育服务质量是否符合劳动力市场需求的一个指标。技术和职业教育的最终结果由劳动力市场来评估。自独立以来，哈萨克斯坦的国家委培生毕业就业率在60%—98.8%不等。截至2016年10月1日，在11.54万名中职学院毕业生中，74441名获得了就业，其中的65295名国家委培生中，有46672人找到了工作。根据分析，2012—2016年哈萨克斯坦技术和职业教育的平均就业率在69%左右。（具体见图5-19）[1] 毕业生中，选择同一专业继续上大学的、去当兵的和出国留学的学生占16%，没有找到工作的毕业生占总数的15%。[2]2018年共和国范围内完成学业后第一年获得就业的国培生比例为86.3%。[3]

2008年的劳动力市场调查结果显示，约40%的哈萨克斯坦公司在石油天然气开采、建筑和食品工业领域缺乏大量的熟练工人。因对消费者需求的认识欠缺以及劳动力市场结构不完善，当时的毕业生就业问题变得

① С.Ирсалиев，А.Култуманова，Э.Тулеков，《Национальный доклад о состоянии и развитии системы образования Республики Казахстан》2016 год，Астана：АО 《Информационно-аналитический центр》，2017，стр.274.

② С.Ирсалиев，А.Култуманова，Э.Тулеков，《Национальный доклад о состоянии и развитии системы образования Республики Казахстан》2016 год，Астана：АО 《Информационно-аналитический центр》，2017，стр.273.

③ М.Атанаева，М.Аманғазы，Г.Ногайбаева，Национальный доклад о состоянии и развитии системы образования Республики Казахстан（по итогам 2018 года），Нур-Султан：Министерство образования и науки Республики Казахстан，АО 《Информационно-аналитический центр》，2019，стр. 347.

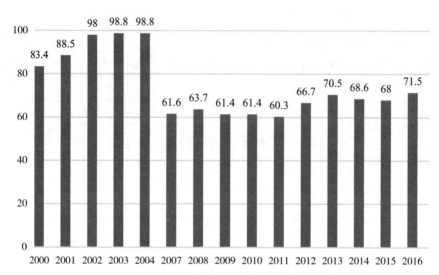

图 5-19　2000—2016 年技术和职业教育就业毕业生中的国家委培生占比

越来越严重。从 2009 年起，"青年实习"计划（«Молодежная практика»）为三年内做过失业登记的 29 岁以下毕业生提供了积累实践经验的机会，进行实践的持续时间不能超过 6 个月。在该计划实施的几年里，工资增加了三倍，从 2009 年的 1.5 万坚戈增长到 2016 年的 4.5 万坚戈。[①] 近三年的技术职业教育毕业生就业率达到 92%。工资最高的专业是开采和有色金属挖掘，石油天然气和化学生产职业，工资最低的是从事教育、农业、兽医和环境方面的专家。

　　2016 年毕业生就业率较高的专业有：计量学、标准化和认证（76.3%），技术性服务，汽车维修和运营专业（76.2%），服务、经济与管理（73.6%），建筑工程和公共事业（73.2%），能源（72.9%），交通运输（71.9%），医学、药学（71.1%），教育、农业、兽医学和生态学（70.5%）。2018 年，毕业

---

① С.Ирсалиев，А.Култуманова，Э.Тулеков，«*Национальный доклад о состоянии и развитии системы образования Республики Казахстан» 2016 год*，Астана：АО «Информационно-аналитический центр»，2017，стр.275-276.

生总人数是 141724 名，已就业人数为 118104 名，就业率达到 83%。[①] 就业人数最多的专业有：服务、经济、管理类（毕业 20354 人，就业 17604 人，就业率 86%），医学、药学类（毕业 20935 人，就业 16036 人，就业率 77%）和教育类（毕业 18825 人，就业 15239 人，就业率 81%）。

对哈萨克斯坦全国企业的调查发现，目前对技术和职业教育专家和工人技能的需求量达到 73%。但因为不符合劳动力市场需要的工人资格，哈萨克斯坦每年大约有 2 万个职位空缺。每年哈萨克斯坦都会引来 3 万多名外国工人，其中 83% 从事工业。技术职业教育的财政保障低，业务部门和教育机构的合作不密切等原因，导致 50%—60% 的企业主认为毕业生业务技能不合格。因此，加强校企合作力度，让企业全面参与技术和职业教育的培养过程能有效缓解就业问题。其中，哈萨克斯坦国家企业协会的调节和引导作用非常关键。

---

① М.Атанаева, М.Аманғазы, Г.Ногайбаева, *Национальный доклад о состоянии и развитии системы образования Республики Казахстан（по итогам 2018 года）*, Нур-Султан：Министерство образования и науки Республики Казахстан, АО «Информационно-аналитический центр», 2019, стр. 203-204.

第六章　哈萨克斯坦高等和大学后教育

高等教育是一个国家实现国家富强、民族复兴、促进社会稳定和经济发展的有力保证。苏联时期，哈萨克斯坦就已形成既有规模，又有质量的高等教育体系。哈萨克斯坦宣布独立后，随着经济体制从计划转向市场，逐渐显现出高等教育与社会发展的不适应，出现了诸如高度专业化、管理集中化、官僚化以及大学与科研院所分离等问题。经济体制的变革使哈萨克斯坦高等教育体制发生了重大变化。1992 年颁布的《高等教育法》确立了大学的法人地位。1994 年颁布的《哈萨克斯坦共和国高等教育国家标准》首次明确了高等教育的多层次结构，并批准实施学士和硕士学位制度。1995 年开始实施的第一个《国家教育标准》涵盖了 310 个专业。1996 年的新版《高等教育标准》中，专业数量增加到 342 个。①1999年通过的新《教育法》为高等教育现代化奠定了坚实的基础，实行高等教育许可制度，建立国家鉴定和认证机制，确立了高等教育质量标准。2001年起，进入高等教育系统的战略发展阶段，建立了国家教育质量评估体系。2007 年修改的《教育法》把苏联继承的两级学位制度改为与国际标准相一致的"学士—硕士—博士"三级学位制度。2010 年，哈萨克斯坦获得"博洛尼亚进程"正式成员国资格后，其高等教育积极推动学制统

---

① 陈举：《"一带一路"战略下中国与哈萨克斯坦高等教育合作空间探究》，《教育探索》
2017 年第 1 期。

一、开展国际合作办学、加快高校与国际标准接轨。《哈萨克斯坦共和国国家教育发展规划纲要（2011—2020 年）》提出：将教育、科学和产业一体化作为具有知识产权的产品和技术的商业化创造条件列为教育发展目标。到 2020 年，全国 60% 的公立大学将采用"公司治理机制"，建立董事会，吸纳更广泛的利益相关者参与大学治理。2016 年发布的《国家教育和科学发展纲要（2016—2019 年）》指出，高等教育在为科学和产业一体化的所有经济部门培养胜任和有竞争力的专业人员方面发挥着重要作用。2017 年，哈萨克斯坦提出要进行第三个现代化建设，建立新的经济增长模式，确保国家的全球竞争力。这些发展战略使哈萨克斯坦的高等教育体系处于国家经济多样化挑战的最前沿，教育亦被视为国家创新体系的一个重要组成部分。

第一节　高等教育学制与规模

完善的教育体制被视为确立国家主权，实现真正的政治和经济独立的基本因素之一。哈萨克斯坦公民在完成普通中等、技术和职业教育或中等后职业教育教学大纲课程后，均可在竞争的基础上获得免费的高等教育。实施高等教育的教学机构有大学（университет）、科学院（академия）、学院（институт）和有同等地位的音乐学院（консерватория）、高等学校（высшая школа）、高等职业学校（высшая профессиональная школа）。哈萨克斯坦的高等教育包括高等基础教育（высшее базовое образование），即培养广大的人文科学和自然科学专业的专家并授予学士学位；高等专业教育（высшее специальное образование），即为获得高等教育专家文凭培养人才；高等学术师范教育（высшее научно-педагогическое образование），即通过最终考核者可获得高等教育专家文凭和科学硕士学位。在哈萨克斯坦的高等教育体系中有极少一部分专业依然保留着专家文凭教育。专家文凭教育（специалист）是苏联时期单一的 5 年学制的保留，旨在培养某些具有较强专业性领域的专业人才，毕业后获专家文凭，如"医师""工程师""教师""农艺师""经济师"等文凭资格。

哈萨克斯坦的高等教育体制继承了苏联时期的学制，即大学本科5年，研究生3年，博士生5年或更长时间，但是这种学制无法与国际接轨。为了提高高等教育的竞争力并实现与国际接轨，哈萨克斯坦目前采用了欧盟的"博洛尼亚进程"，高等教育正在从两级学位（学士和硕士）向三级学位（学士、硕士、博士）过渡，学制分别是4年、2年和4—5年。采用博洛尼亚体制是哈萨克斯坦高等教育迈向国际化的重要一步。

一、高等教育的机构与规模

十月革命前，哈萨克斯坦境内没有高等教育院校。为培养师资和国民经济各部门的急需人才，苏联政府于1928年创建的哈萨克斯坦公立大学当时只有师范、农学和兽医三个系。随着国民经济的顺利发展，加快了哈萨克斯坦地区的干部培养体系的形成。1932年成立了乌拉尔师范学院和塞米巴拉金斯克地质勘探学院（后称阿拉木图矿山冶金学院，现为哈萨克斯坦工业大学）。到20世纪80年代初期，哈萨克斯坦地区高等教育有了长足发展。截至1989年，哈萨克斯坦的高等院校有哈萨克斯坦公立大学、哈萨克斯坦工业学院和哈萨克斯坦农学院等几十所。[1] 独立初期，随着国家政治经济结构的变革和高等教育发展面临的种种困难，哈萨克斯坦高等教育也做出了相应的改变。国家GDP的教育支出占比从1991年的6.4%降到2001年的3.2%。哈萨克斯坦独立初期只有61所高等教育机构，而且都是公立院校。1993年，哈萨克斯坦政府通过法律准许私人办学。该政策一出台，私立大学开始发展，并逐步成为高等教育的一支生力军。1999年起实施新的大学录取机制，即高中毕业生通过参加集中考试才能获得奖学金。提前招收可由各大院校通过入学考试自主招生。从2003—

---

① 马新英：《哈萨克斯坦高等教育的历史演变及现状分析》，《俄罗斯中亚东欧市场》2011年第3期。

2004 学年起开始实施国家统考（ЕНТ），这为全国青年的教育公平保障
了透明度。自 1991 年至 2001 年高校数量增加了 3 倍，总数变成 182 所。
高校数量的快速增长同时也带来了教育服务质量的下降。为了优化高等
教育机构网络，国家实施严格的质量考核制度。2001—2007 年高校数量
缩减 42 所。2012—2014 年，因无法保障毕业生质量，物质技术基础不合
格，师资水平不过关等原因，对一部分高校采取了撤销资格和合并重组等
措施。2007 年至 2016 年的高校数量有明显的下降趋势。①（具体见图 6–1）

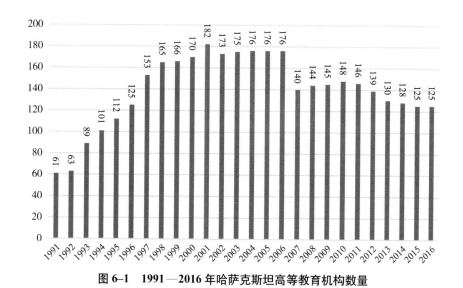

图 6–1　1991—2016 年哈萨克斯坦高等教育机构数量

　　为了适应市场经济的发展需要，提高国家的竞争力，从 1993 年开始，
哈萨克斯坦在高等教育领域进行了大面积的改革。改革的切入点就是改变
过去高等教育国家统一管理的局面，鼓励私人办学，使高校的办学主体多
元化。非国立高等教育达到蓬勃发展，高校学生人数迅速增加，社会上的
非国有资金迅速注入教育领域，高等教育的发展迎来了崭新的春天。独立
最初十年的私立教育发展迅速，根据市场需求设置专业，人文、法律和经

---

① 　С.Ирсалиев，А.Култуманова，Э.Тулеков，《*Национальный доклад о состоянии
　　 и развитии системы образования Республики Казахстан*》*2016 год*，Астана：АО
　　 《Информационно-аналитический центр》，2017，стр.301-306.

济类专业最受欢迎。从 1996—2005 年的私立教育发展情况来看，2000 年的数量最多，达 123 所，2005 年减少到 109 所。

2017—2018 学年，哈萨克斯坦的高等教育机构网络不断扩大。[①]在全国 130 所高等教育机构中，国立民族大学有 10 所，国际大学 1 所，自治大学 1 所，公立大学 32 所，股份制大学 17 所，私立大学 55 所，国防大学 14 所。国立民族大学在哈萨克斯坦具有特殊地位，它们是：古米廖夫欧亚民族大学（Евразийский национальный университет им.Л.Н.Гумилева），图尔基诺夫哈萨克斯坦民族艺术学院（Казахская национальная академия искусств им.Т.Жургенова），哈萨克斯坦民族农业大学（Казахский национальный аграрный университет），阿斯芬迪亚洛夫哈萨克斯坦民族医学院（Казахский национальный медицинский университет им.С.Д.Асфендиярова），哈萨克斯坦阿拜民族师范大学（Казахский национальный педагогический университет им. Абая），萨特帕耶夫哈萨克斯坦民族技术大学（Казахский национальный технический университет им. К.И.Сатпаева），哈萨克斯坦法拉比民族大学（Казахский национальный университет им.аль-Фараби），哈萨克斯坦民族艺术大学（Казахский национальный университет искусств），库尔曼哈兹哈萨克斯坦民族音乐学院（Казахская национальная консерватория им.Курмангазы），哈萨克斯坦民族舞蹈学院（Казахская национальная академия хореографии）。亚萨维哈萨克—土耳其国际大学（Международный казахско-турецкий университет им.Х.А.Ясави）是根据哈萨克斯坦和土耳其两国政府 1993 年签订的协议成立的合办国际大学，是哈萨克斯坦唯一的自治大学。纳扎尔巴耶夫大学（Назарбаев университет）被视为哈萨克斯坦高等教育系统中的领航者，是国家高等教育改革的标杆，是国家创新和知识驱动中心。根据哈萨克斯坦 2000 年

---

① *Национальный сборник «Статистика системы образования Республики Казахстан»*, Астана：АО«Информационно-аналитический центр»，2018，стр.282-294.

6月17日912号政府法令，国家开始实施国立高校的股份制。按照法令，决定将12所高校改编为股份制高校。

与高等教育机构数量相比，哈萨克斯坦大学生人数发生了突飞猛进的变化。1991年的大学生是28.84万名，2005—2006学年增加到77.58万人，增长2.6倍。2016年，大学生人数出现明显的下降，总人数只有47.14万人。(具体见图6–2)[1] 学生数量减少的原因包括人口总数的减少，对中学生的入学要求提高，函授生数量减少和收费标准的增加等等。

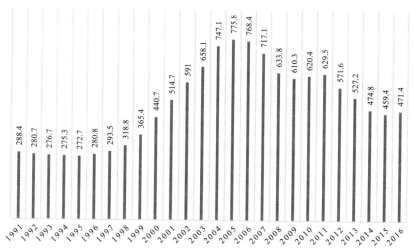

图6–2 1991—2016年哈萨克斯坦高等教育机构人数变化（千人）

高校自费生的比例大大提高。从1998年的47.1%，增加到2016年的73.3%，其中2005—2006学年的自费生最多。与此同时，高校生还可以通过竞争获得国家提供的公费学习名额，数量占学生总数的三分之一。2017—2018学年，大学生总数中的自费生达35.27万人，国家奖学金生和公费名额是14.34万人次。[2]

① С.Ирсалиев，А.Култуманова，Э.Тулеков，*«Национальный доклад о состоянии и развитии системы образования Республики Казахстан» 2016 год*，Астана：АО«Информационно-аналитический центр»，2017，стр.307.

② *Национальный сборник «Статистика системы образования Республики Казахстан»*，Астана：АО«Информационно-аналитический центр»，2018，стр.290.

从 2013—2017 年的大学生人数变化来看，大部分地区的大学生人数均有减少趋势。① 人数最多的阿拉木图市从 2013—2014 学年的 148891 人，缩减到 2017—2018 学年的 131292 人。个别地区依然有学生人数增长趋势，例如南哈州（从 74564 人增至 79423 人）和西哈州（从 25517 人增至 31392 人）。

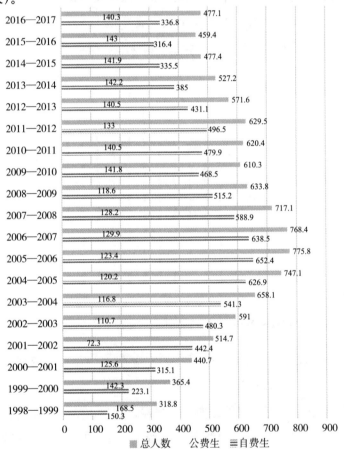

图 6-3 哈萨克斯坦高校攻读学士学位的自费生和公费生人数② （千人）

资料来源：哈萨克斯坦共和国教育与科学部。

---

① Национальный сборник «Статистика системы образования Республики Казахстан», Астана：АО«Информационно-аналитический центр»，2018，стр.286.

② С.Ирсалиев，А.Култуманова，Э.Тулеков，«Национальный доклад о состоянии и развитии системы образования Республики Казахстан» 2016 год，Астана：АО «Информационно-аналитический центр»，2017，стр.308.

根据教学组织形式的不同，哈萨克斯坦高等教育机构有全脱产生、函授生和夜校生。2017—2018 学年，高等教育机构的大学生总人数达到 496209 人，其中全脱产学习的 378147 人，函授的 84445 人，夜校的 33617 人。[①] 以学生人数最多的阿拉木图市为例，131292 个大学生中，有 118856 名全脱产生，11940 名函授生和 496 位夜校生。全国 66% 夜校生都在南哈州（22274 人），阿克纠宾州、阿拉木图州、克孜勒奥尔达州、北哈州和阿斯塔纳市都没有夜校大学生。

二、大学后教育发展情况

哈萨克斯坦的大学后教育作为高等教育的延续阶段，教育的主要目的是培养学术型和学术师范型干部。硕士生有两种培养方式：按照学术师范方向培养，学期不低于两年；按照专业方向培养，学期不低于一年。通过国家最终鉴定并完成硕士学位论文答辩者，获得硕士学位。博士生培养中，持有硕士学位后攻读哲学博士和其他专业博士的，学期不能低于三年。哈萨克斯坦从 2000 年起开始实施大学生的专家学位向学士学位的过渡（医学专业除外）。硕士和博士学位制度最初是在 2004 年开始实施的，直到 2012 年，主要学习的都是文科专业课程。

为了响应国家的工业化发展，从 2012 年起，硕士培养计划涵盖了职业技术专业。2012—2016 年，攻读硕士学位的学生人数增加了 5000 人。2016 年硕士国家委培名额有 7429 个，其中包括《2015—2019 年哈萨克斯坦共和国国家工业创新发展规划》（ГПИИР）框架内的 2800 个干部培训名额。[②] 2017 年，硕士生达到 34609 人，其中包括入学的 18829 人，毕业的 18268 人；学术型硕士 19431 人，专业型硕士 15178 人。[③]

① *Национальный сборник «Статистика системы образования Республики Казахстан»*, Астана：АО«Информационно-аналитический центр», 2018, стр.287.

② С.Ирсалиев，А.Култуманова，Э.Тулеков，*«Национальный доклад о состоянии и развитии системы образования Республики Казахстан» 2016 год*，Астана：АО «Информационно-аналитический центр», 2017, стр.310.

③ *Национальный сборник «Статистика системы образования Республики Казахстан»*，Астана：АО«Информационно-аналитический центр», 2018, стр.294.

　　根据国家计划，阿里—法拉比哈萨克斯坦国立大学、古米廖夫欧亚民族大学、哈萨克斯坦国立农业大学、杜拉提塔拉兹国立大学、萨特帕耶夫哈萨克国立技术大学、奥埃佐夫南哈萨克斯坦国立大学、阿拜哈萨克斯坦国立师范大学等七所高校实施博士生培养。①

表 6-1　2016—2017 年哈萨克斯坦高等和大学后教育机构的硕士生和博士生（人）

年份	硕士生			博士生		
	总人数	入学人数	毕业人数	总人数	入学人数	毕业人数
2016 年	32893	19074	16445	2710	1086	619
2017 年	34609	18829	18268	3603	1671	721

注：数据来源是 *Национальный сборник «Статистика системы образования Республики Казахстан»*，Астана：АО «Информационно-аналитический центр»，2018，стр. 294-295。

　　攻读 PhD 的大学生从 2008 年的 439 人到 2016 年的 2658 人，增加了 6 倍。2016 年给高校和科研单位的博士生提供了 628 个公费学习名额，其中 43 名在纳扎尔巴耶夫大学。②2017 年，全国 3603 名博士生中，新入学的 1671 人，毕业的 721 人；攻读 PhD 的 3490 人，读职业方向博士的 113 人。③

　　哈萨克斯坦高等教育机构三分之一的学生都有国家奖学金保障。为了增加获得高等教育的机会，哈萨克斯坦共和国总统纳扎尔巴耶夫于 2018 年 3 月 5 日下令在每年的 5 万个奖学金中再额外拨款 2 万个奖学金名额，最终给高等教育专家培养分配了 53594 个，硕士生 12504 个，博士生 2240 个名额。④（具体见图 6-4）

① 况雨霞：《博洛尼亚进程之路上的哈萨克斯坦高等教育》，《吉林省教育学院学报》2014 年第 1 期。

② С.Ирсалиев，А.Култуманова，Э.Тулеков，*«Национальный доклад о состоянии и развитии системы образования Республики Казахстан» 2016 год*，Астана：АО «Информационно-аналитический центр»，2017，стр.310.

③ *Национальный сборник «Статистика системы образования Республики Казахстан»*，Астана：АО «Информационно-аналитический центр»，2018，стр.282-294.

④ М.Атанаева，М.Амангазы，Г.Ногайбаева，*Национальный доклад о состоянии и развитии системы образования Республики Казахстан (по итогам 2018 года)*，Нур-Султан：Министерство образования и науки Республики Казахстан，АО «Информационно-аналитический центр»，2019，стр. 109.

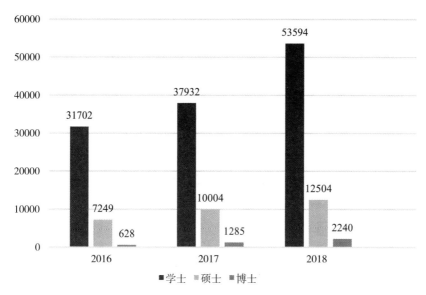

图6-4　2016—2018年攻读学士、硕士和博士学位的公费名额数量

从提交奖学金申请者与获得者人数比例来看，奖学金持有者中几乎有一半是社会弱势群体的代表。2018年，获得奖学金的农村青年有20647人，占申请者的43.6%。提交申请的退伍军人子女的获奖率是100%，孤儿和残疾人达到98%。①

三、毕业与就业情况

在苏联时期，大学生毕业均有工作分配。但转型走向市场经济体制以后，找工作成为大学生的一项特权，毕业生可以根据自己的喜好选择想做的工作。2000—2015年，哈萨克斯坦高校毕业的高等教育人才数量达到230万人，总人数增加2.2倍。2008年的毕业生数量最多（19.67万人），2015年是14.72万人。②（具体见图6-5）

① М.Атанаева，М.Аманғазы，Г.Ногайбаева，*Национальный доклад о состоянии и развитии системы образования Республики Казахстан（по итогам 2018 года）*，Нур-Султан：Министерство образования и науки Республики Казахстан，АО «Информационно-аналитический центр»，2019，стр. 110.

② С.Ирсалиев，А.Култуманова，Э.Тулеков，«*Национальный доклад о состоянии и развитии системы образования Республики Казахстан» 2016 год*，Астана：АО «Информационно-аналитический центр»，2017，стр.314.

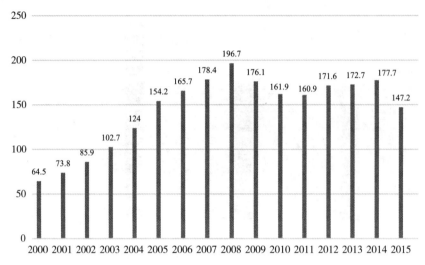

图 6-5　2000—2015 学哈萨克斯坦高校毕业的大学生人数（千人）

从 1998—2016 年的大学生就业率来看，平均就业率不到 66%。情况最好的是 2013 年，达到 79.6%。《教育科学部 2016—2019 年国家教育发展规划》提出，2020 年，将毕业后当年就业的公费生比例提高到 90%。（具体见图 6-6）

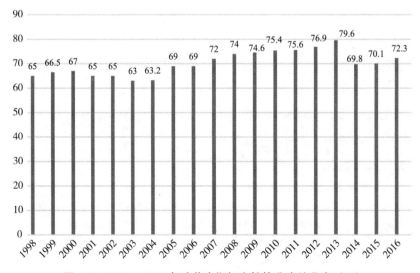

图 6-6　1998—2016 年哈萨克斯坦高校毕业生就业率（%）

2018 年，哈萨克斯坦高等教育机构为劳动力市场培养了 130691 名专家，比 2017 年的 127084 人多了 3%。他们当中的 76% 是自费生，23% 是公费生。毕业生的主要去向是教育领域 38321 人（29.3%）、技术领域 27056 人（20.7%）和社会经济领域 20796 人（16%）。大学后教育阶段培养了 21254 名学术师范类干部，与 2017 年（19865 人）相比，毕业生总数增加了 7%。在博士阶段，毕业生人数与 2017 年的总人数相同，都是 721 人。[①]

为了解决农村缺人才的需求，从 2009 年起开始实施纳扎尔巴耶夫总统提出的"带着毕业证冲向农村"倡议（проект "С дипломом-в село！"）。去农村工作的年轻专家们可以获得财政补贴，即为购买住房或自建房提供 15 年的预算贷款作为启动资金，并提高 25% 的工资。本科毕业生和经验丰富的专业人士都可以参加这个项目。截止到 2016 年，已有超过 4.3 万人参与了这个项目。[②] 为了得到今后工作中的职业经验，"青年实践"项目（проект "Молодежная практика"）给大学毕业生提供参与劳动的机会，工资由国家预算资金支付。对雇主来说，这是一个发现潜在员工的机会。2009—2016 年，该项目覆盖了大约 25000 名大学毕业生。

随着高等教育毕业生数量的增长，哈萨克斯坦的经济活跃人口中高素质人员也在增加。[③]2000 年起，国家优先发展的石油化学、建筑、运输、农业等领域得到快速恢复。无业人员从 1999 年的 13.5% 减至 2016 年的 5%。与 2004 年（15.3%）相比，2016 年（24.9%）具备高等教育文凭的经济活跃人口比例增长了 9.6%。

---

① М.Атанаева，М.Аманғазы，Г.Ногайбаева，*Национальный доклад о состоянии и развитии системы образования Республики Казахстан（по итогам 2018 года）*，Нур-Султан：Министерство образования и науки Республики Казахстан，АО «Информационно-аналитический центр»，2019，стр.117-118.

② С.Ирсалиев，А.Култуманова，Э.Тулеков，*«Национальный доклад о состоянии и развитии системы образования Республики Казахстан» 2016 год*，Астана：АО «Информационно-аналитический центр»，2017，стр.316.

③ С.Ирсалиев，А.Култуманова，Э.Тулеков，*«Национальный доклад о состоянии и развитии системы образования Республики Казахстан» 2016 год*，Астана：АО «Информационно-аналитический центр»，2017，стр.317.

第二节　师资队伍

　　1995—2005 年，哈萨克斯坦高校的专职教师队伍有了质的变化，师资数量从独立初期的 2.19 万人到 2016 年的 3.82 万人，共增长 1.7 倍。2005—2006 学年，因高校数量和学生人数历史最高，教师数量也最多。①（具体见图 6–7）

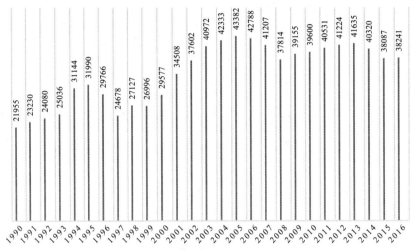

图 6–7　1990—2016 学哈萨克斯坦高校的师资队伍人数（人）

　　高校师资队伍的知识水平是高等教育质量保障的决定性因素。2014—2015 学年，40320 名高校专职教师中，几乎有一半的教师学位相当于 2011 年联合国教科文组织国际教育标准分类的八级，近四分之一的教师（24%）最高学位是硕士，只有 12% 的教师具有博士学位，具有硕士以下学位的占 27%。②

---

① С.Ирсалиев，А.Култуманова，Э.Тулеков，*«Национальный доклад о состоянии и развитии системы образования Республики Казахстан» 2016 год*，Астана：АО «Информационно-аналитический центр»，2017，стр.326.

② *Обзор национальной политики в области образования Высшее образование в Казахстане 2017*，ОЭСР，АО«Информационно-аналитический центр» за версию на русском языке. стр.85，http：//www.resource.nauka.kz/high.

2017 年，哈萨克斯坦高等和大学后教育师资队伍中，专职教师 38212
人，其中有硕士学位的 12098 人，哲学博士（PhD）1854 人，专业博士
208 人，博士 3251 人，副博士 13276 人。按照职称划分，教授 2349 人，
副教授 5983 人。[①]

《哈萨克斯坦教育法》中明确了关于教师指标的相关内容，即教师可
在一个教育机构拥有指标，同时还可以在其他单位作为合作者或代课教师
而领取工资。[②] 2017 年，虽然国家投入大量资金来提高大学教师的工资
（136662 坚戈），但依然只占全国平均工资的 91%，其中初级职称的年轻
人工资最低，因此外流情况严重。尽管如此，哈萨克斯坦高校教师的工资
比中小学教师高出 19.4%。[③]

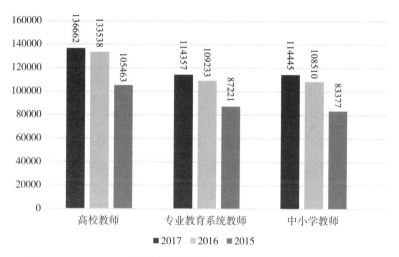

图 6-8　2015—2017 年哈萨克斯坦教育系统的工资总额比较（坚戈）

① Национальный сборник «Статистика системы образования Республики Казахстан»,
 Астана：АО«Информационно-аналитический центр»，2018，стр.296.

② Закон Республики Казахстан «Об образовании» от 7 июня 1999года №389（с
 изменениями и дополнениями，внесенными Законом Республики Казахстан от 9 июля
 2004 года №597 «О внесении изменений и дополнений в Закон Республики Казахстан
 «Об образовании»）.

③ Е.Нурланов，М.Аманғазы，Г.Ногайбаева，Национальный доклад о состоянии и
 развитии системы образования Республики Казахстан（по итогам 2017 года），
 Астана：АО «ИАЦ»，2018，стр.212-242

　　哈萨克斯坦高等教育机构的师资队伍要起到三个主要作用：实施教学，通过科学研究促进知识发展，参与社会服务。教学人员在每个职能上花费的时间不同，达到的实际效果也不一样。哈萨克斯坦的教职员工被称为"教书匠"，因为他们将大部分时间用于教学。具体的教学任务是根据老师负责的学生人数来计算的。实际上，哈萨克斯坦高校教师每周的课时量是 20—25 个小时，课程持续时间是 50—110 分钟，每学期要持续 15 周。具有较高学位或从事科学研究的教师的教学工作量会比一般教师低 20%—50%，一年的教学总量大约为 400—750 小时。① 所以，没有足够的时间去做科学研究也成为哈萨克斯坦高校教师学术成果低，在国际知名杂志上的学术论文很少的理由。

　　从高校专职教师的发展情况来看，公立高校的教师比私立高校多一倍。由于私立高校教师数量的减少，从 2009 年起哈萨克斯坦高等教育机构师资总数有下降趋势。哈萨克斯坦 2017 年的高等教育教师总人数达到 38212 人，师生比例为 1∶7，女教师占总数的 64%。

　　根据法律规定，哈萨克斯坦的高校教师每五年在高校体制外要参加一次继续教育培训的项目。通常，这些计划是由国家继续教育中心乌尔莱（Өрлеу）集中实施。高校教师培训的标准教学一般包括四个模块，即创新方法、学生的独立学习、信息技术和管理、新的评估标准。在头两周内，在线提供课程，然后邀请他们参加考试，剩余课程进行面授教学。培训人员通常是哈萨克斯坦人，有时也会邀请国际专家。乌尔雷中心还与许多外国大学和组织合作。瓦伦西亚大学（Университет Валенсии）、New Castle 和 Pearson 出版社等国际教育机构也为哈萨克斯坦的高校教师提供继续教育，已有 933 名老师拥有了这个机会。受益于 Өрлеу 机构教学培训项目的人数在 4000—7000 人左右，占目前师资队伍的 9%—17%。纳

---

① *Обзор национальной политики в области образования Высшее образование в Казахстане 2017*，ОЭСР，АО《Информационно-аналитический центр》за версию на русском языке. стр.110-111，http∶//www.resource.nauka.kz/high.

扎尔巴耶夫大学参与了其学术发展和高校领导管理培训。①强制性继续教育培训作为高等教育系统必须完成的任务，是确保科学家、教师和科学领导者急需的专业潜力的强大机制。

　　世界劳动力市场的加速发展对高素质专家的培训提出了很高的要求，而这反过来又需要大学教学人员的持续性专业发展。国家教育科学部每年批准进修课程列表并进行高级培训。在与领先的工业企业、研究机构和外国大学签订的协议框架内，科学和教学界有机会进行专业发展。从 2010 年到 2016 年，国立大学的 983 名教师在英国的纽卡斯尔大学（Университет Ньюкасла）、日本的筑波大学（Университет Цукубы）、西班牙的瓦伦西亚理工大学（Валенсийский политехнический университет）、葡萄牙的波尔图高等学院（Высший институт Порто）和德国的国际管理技术学院（Международная академия менеджмента и технологий）等合作大学中实现了技能培训。②虽然已有的 3.8 万名高校教师均熟练掌握外语，但是能用三语授课的只占其中的 10%。为了逐步实现学校教育内容的更新，师范类高校师资队伍中 1459 名教学人员在以法拉比命名的哈萨克国立大学、以阿拜命名的哈萨克斯坦国立师范大学、以布克托福命名的卡拉干达州立大学接受了英语语言培训。

　　为了激励高校教师提高专业水平，从 2005 年起，国家每年评选 200 名优秀的高校教师，授予他们"大学好教师"的共和国奖励。他们将获得高达 400 万坚戈的现金奖励。③2016 年，58 所高校的 200 名教师获得此

①　*Обзор национальной политики в области образования Высшее образование в Казахстане 2017*，ОЭСР，АО«Информационно-аналитический центр» за версию на русском языке. стр.115，http：//www.resource.nauka.kz/high.

②　С.Ирсалиев，А.Култуманова，Э.Тулеков，*«Национальный доклад о состоянии и развитии системы образования Республики Казахстан» 2016 год*，Астана：АО «Информационно-аналитический центр»，2017，стр.328.

③　*Обзор национальной политики в области образования Высшее образование в Казахстане 2017*，ОЭСР，АО«Информационно-аналитический центр» за версию на русском языке. стр.113，http：//www.resource.nauka.kz/high.

奖。[1] 国家教师技能提升计划和全国教师技艺中心"纳扎尔巴耶夫知识学校"为全国教师开设技能培训班，2015 年已有 1.32 万名教师受益。2017年，高校 58 位教师获得"博拉沙克"国际奖学金，1765 名教授和副教授在国外进行教学与学术研究。

第三节　教育标准与内容

随着人才培养和技术创新要求的出现，哈萨克斯坦高等教育内容进行了多次改革与更新。1991—1994 年，积极制定教育立法基础。哈萨克斯坦共和国《高等教育法》（1993 年）规定了高等教育的主要规范，该法于 1999 年和哈萨克斯坦共和国《教育法》（1992 年）合并。《国家高等和大学后教育普遍标准》（ГОСО）对普通教育的最低要求，学生的教育轨迹，教育的结构和内容，对毕业生所接受的教育水平和学历的评估以及对教育质量的国家监控规则和程序要求等均做出了明确规定。首批哈萨克斯坦高等教育的国家标准于 1994 年获得批准。自 1995 年起，310 个高等职业教育专业采用了该标准。1996 年，列有 342 个专业的新版高等教育专业清单获得批准。2000 年 448 号总统令确认，从学前教育到高等教育的整个教育系统于 2000 年起首次引入国家教育标准。

2001 年，根据国际教育系统分类标准开发并引用了新的高等教育培养方向和专业分类标准，它包含了 283 个专业，70 个硕士专业和 46 个本科专业。2004 年的高等教育培养方向与专业分类清单涵盖了人才能力培训模式。从 2009 年开始，采用欧洲信用转移系统（ECTS）。为确保本科和研究生课程的连续性，2009 年起开始使用现行的高等教育和大学后教育专业分类清单。目前的高等教育和大学后教育国家标准是在扩大大学学术自由的背景下制定的，充分考虑了大学必修课和选修课的成分与关系。

---

[1]　С.Ирсалиев，А.Култуманова，Э.Тулеков，*Национальный доклад о состоянии и развитии системы образования Республики Казахстан» 2016 год*，Астана：АО «Информационно-аналитический центр»，2017，стр.327.

在《高等教育国家标准》中，大学的学术独立性扩大到 65%，硕士学位 70%，博士学位 90%。

为得到劳动力市场的认可并顺利实施终身学习战略，哈萨克斯坦于 2012 年通过了国家资格框架（Национальная рамка квалификаций），国家元首为每个行业指定了"路线图"。2013 年，制定了国家资格体系的分阶段发展计划。2014 年和 2016 年国家资格框架被进行修改。大学后教育的国家标准明确了专业硕士和学术师范类硕士教育大纲内容要求。该文件还概述了对博士学位（PhD.）教育大纲内容的要求。

2016 年，在 13 个专业标准的基础上制定了 131 个教育计划。为了加强学术流动性和教育过程的技术性，国家标准对社会人文和自然科学专业课程周期实行了统一规范。为了完成《2015—2019 年哈萨克斯坦共和国国家工业创新发展规划》二期（ГПИИР-2）项目培养高水平人才的任务，全国范围内开始实施 24 个教育大纲。

第四节　教育质量保障体系

质量是高等教育的生命线，高等教育竞争力相关指标的国际排名在一定程度上反映了教育质量的高低。2017 年哈萨克斯坦的高等教育和培训竞争力排名是 56 位，国家创新力排名是 84 位。[1] 2017—2018 学年的哈萨克斯坦全球竞争力指标排名是 77 位。全国 104 所高校的 42592 名大学生参加学业成绩外部评价，哈萨克斯坦的平均分是 81.25 分。2017 年大学毕业生人数达 12.7 万，其就业率达到 78.6%。根据 2017—2018 学年的大学全球排名（Qacquarelli Symonds），哈萨克斯坦的法拉比民族大学是 236 名，古米廖夫欧洲民族大学是 336 名。[2]

---

[1] 李慧、苏卡特、阿米娜：《中国与中亚国家"教育丝绸之路"合作路径探析——基于中亚四国高等教育的发展》，《东北大学学报》（社会科学版）2018 年第 4 期。

[2] Е.Нурланов，М.Аманғазы，Г.Ногайбаева，*Национальный доклад о состоянии и развитии системы образования Республики Казахстан（по итогам 2017 года）*，Астана：АО «ИАЦ»，2018，стр.198.

一、高等教育质量

制定和提供能够培养符合企业主要求和国家工业创新发展需求的大学生教育大纲，实现师资队伍在国际知名杂志上的学术研究成果数量和质量的提高，增加大学校园里的国际教师和学生数量是哈萨克斯坦高等教育质量的奋斗目标。

大学生教学环境的评估一般要看大学生体育锻炼条件、医疗保障、大学生联盟、宿舍环境、数据化设施和图书馆等方面。目前哈萨克斯坦 54% 的大学有体育俱乐部，有 27.86 万名大学生参加各类体育课（覆盖率为 56%）。在"2017 世界大学生冬季运动会"上，哈萨克斯坦代表团以 36 枚奖牌位列第二名。① 哈萨克斯坦的大学生联盟包含青年事务委员会，大学生理事会等机构。他们为维护大学生权利，参与教育过程的管理，实现社会主动性而服务。目前在哈萨克斯坦 112 所大学里（占 86.3%）设有大学生自主管理机构。哈萨克斯坦大学在教学中使用的电脑数量是 83379 台，平均每六人使用一台电脑，大学拥有 5082 套互动教学设备。每所大学都有图书馆，其藏书量 7880 万册，每年新进图书达 120 万册。

哈萨克语、俄语和英语这三种语言在哈萨克斯坦的发展及地位变化构成了哈萨克斯坦独特的语言图景，成为研究哈萨克斯坦语言政策的一项重要内容。哈萨克斯坦大学的三语教学实施工作正在有序进行。2017 年 76 所大学的 3 万名大学生接受三语教学的学习。为了培养教育领域的英语人才，2017 年招收了 642 名学士生和 100 名专业硕士生。

二、高等教育质量保障体系

哈萨克斯坦的高等教育质量保障体系的形成也经历了几个发展阶段。1991—1994 年，对国家所有基础性教育法律法规进行了国家监制（大学认证）。1995—2000 年，批准了许可和最终监督要求。2001 年，加强了

---

① Е.Нурланов, М.Аманғазы, Г.Ногайбаева, *Национальный доклад о состоянии и развитии системы образования Республики Казахстан（по итогам 2017 года）*, Астана：АО «ИАЦ», 2018, стр.153-154.

对大学许可教育活动的资格认证。在 2001—2005 年，确定了大学专业认证和内部监管制度。[①] 近年来，重点已从大学的国家监管转移到教育服务质量的保障上。是否能给学生传授高水平的知识是进行大学认证的主要方向。2005 年，建立了哈萨克斯坦教育与科学部下属的国家认证中心。大学的认证是自愿进行的，大学可以自由选择在教育与科学部注册的认证机构。

《哈萨克斯坦教育法》（2007）第 55 条对教育质量管理办法做出了规定。教育质量监督包括教育外部评价（许可、国家鉴定、认证过程；国家统考；国家中期考核；根据学生的技能水平，对不同种类和层次的教育机构排列）和内部评价（质量管理体系；对不同过程的自我评价；对目前成绩的考核；对学生教学成绩的评价），高等教育机构的评价还包括学生对老师的评价。

哈萨克斯坦通过成立第三方评估机构形成"底线评估"和"竞争排名"相结合的高等教育质量保障体系。1999 年颁布的哈萨克斯坦新《教育法》实行高等教育许可制度，并建立国家鉴定和认证机制，确立了高等教育质量的底线标准。2006 年，哈萨克斯坦将教育科学部下属的国家教育质量评价中心（National Centre forEducation Quality Evaluation）重组为国家教育数据与评价中心（National Centre for EducationStatistics and Evaluation），独立开展高等院校认证和教学质量评估。2008 年起，哈萨克斯坦教育质量独立保障机构（Independent Quality Assurance Agency）每年统计并公布全国高校排行榜，评级方法包括三个部分：70% 为大学学术质量的评估，15% 基于专家评估，15% 基于对用人单位和政府机构的社会学调查。[②]

---

① С.Ирсалиев，А.Култуманова，Э.Тулеков，《Национальный доклад о состоянии и развитии системы образования Республики Казахстан》2016 год，Астана：АО 《Информационно-аналитический центр》，2017，стр.339.

② 杨蕾：《跟跑国家世界一流大学体系建设策略研究——基于沙特阿拉伯、哈萨克斯坦两国的分析》，《比较教育研究》2019 年第 1 期。

　　2012 年 9 月，哈萨克斯坦成为欧洲教育质量保障注册机构的成员。国家注册机构包括 10 个认证机构，其中两个主要机构是哈萨克斯坦教育质量独立评估局（HKAOKO）和哈萨克斯坦独立认证和评级机构（HAAP）。2011—2015 年，哈萨克斯坦独立认证和评级机构对 33 所大学和 849 个教育计划通过了机构认证。与 2014 年相比，2016 年通过国家认证的大学数量达到 96 所，增长到 45.4%。有 30 所大学通过了国际专业认证，通过认可的教育大纲总数达到 2852 个。[①]

　　哈萨克斯坦的大学也在努力获得国际认证。2007 年，哈萨克斯坦建筑与土木工程学院"建筑"专业率先顺利通过联合国教科文组织国际建筑师协会国际评审委员会的认证。2008 年，奥埃佐夫南哈萨克斯坦国立大学的 7 项教育计划顺利通过了国际认证机构"ASIIN"的国际认证。[②] 阿里法拉比国立大学、萨特帕耶夫国立技术大学、阿拜国立师范大学、哈萨克斯坦国立农业大学和古米廖夫欧亚民族大学等五所国立大学开始着手进行 10 项教育计划的认证。哈萨克斯坦高校积极参与世界高校排行榜竞争。在 2012 年英国 QS 公布的世界 400 所最好高校排行榜中，哈萨克斯坦国立古米廖夫欧亚大学列第 369 位，国立阿里法拉比大学列第 390 位。[③]

第五节　教育经费

　　大力投资教育既是一个国家政治意志的体现，也是保持经济增长、改善民生和开发人力资源的重要保障。增加教育投入是高校有序运行的物质基础。国立高等院校在哈萨克斯坦占主导地位，承担着高等教育的主要

---

① С.Ирсалиев，А.Култуманова，Э.Тулеков，*«Национальный доклад о состоянии и развитии системы образования Республики Казахстан» 2016 год*，Астана：АО «Информационно-аналитический центр»，2017，стр.339-340.

② 陈举：《"一带一路"战略下中国与哈萨克斯坦高等教育合作空间探究》，《教育探索》2017 年第 1 期。

③ 况雨霞：《博洛尼亚进程之路上的哈萨克斯坦高等教育》，《吉林省教育学院学报》2014 年第 1 期。

责任。所以，国立高校运作的主要费用由政府提供。独立以来，哈萨克斯坦政府在高等教育预算政策中采取了许多关键性步骤，例如，刺激私立大学的发展，给予国立大学有偿服务的权利，引入学生贷款机制等。1999年，开始实行按人头计算的拨款机制（подушевое финансирование）①。国立大学的预算拨款已由教育奖学金取代。2000年至2004年，哈萨克斯坦教育投入占 GDP 的比重是 3.3%—3.4%，国家总预算中的教育占比是14.1%—14.4%，高等教育在教育总预算中的比重是 10.0%—7.9%。②

2004年，哈萨克斯坦对教育部门的拨款额为1920亿坚戈。在《哈萨克斯坦真理报》对教育与科学部部长巴克特让·茹马古洛夫进行的专访中说道，近几年哈萨克斯坦研发经费中的国家预算资金投入实现了稳步增长，已经超过了 GDP 的增长速度。2011年的国家预算科研经费是288亿坚戈（约合1.95亿美元）；2012年的预算金额增加为490亿坚戈（约合3.33亿美元），2012年国家预算科研经费投入要比2011年增加70%。但总体上来看，教育科研经费占 GDP 的比例不高，近五年的比例徘徊在 0.2% 左右。为解决研发收入水平不能满足国家经济竞争力要求的问题，哈萨克斯坦政府提出，到2015年教育科研经费要占 GDP 比例的1%，到2020年达到 1.5%。③

在世界银行和经合组织进行的2007年哈萨克斯坦高等教育融资系统研究框架内，以及2013—2014年"路线图计划"（Дорожная карта）（纳扎尔巴耶夫大学，2014年），确定了一系列关键的财政问题：高等教育领域的投资总水平；利用私立大学作为主要教育财政来源；与国家资助系统相比较，私立资金在高等教育中所占的份额；科研成果的融资回报；用于

---

① С.Ирсалиев，А.Култуманова，Э.Тулеков，《*Национальный доклад о состоянии и развитии системы образования Республики Казахстан*》*2016 год*，Астана：АО 《Информационно-аналитический центр》，2017，стр.303.

② 李爽：《博洛尼亚进程影响下的哈萨克斯坦高等教育》，硕士学位论文，上海师范大学，2010年，第64页。

③ 王雪梅：《哈萨克斯坦高等教育国际化进程中的问题与对策》，《新疆大学学报》2012年增刊。

分配资源的制度和实现效率和问责的机制。哈萨克斯坦政府的教育支出在
2014 年占国内生产总值（GDP）的 3.6%，其中 GDP 的 0.3% 用于高等教
育。政府在高等教育方面的支出约为 1330 亿坚戈，按 2016 年中期汇率计
算约为 4 亿美元。[①]

　　私立高等教育机构的快速发展使哈萨克斯坦变为拥有大量私人资金
的国家之列。在哈萨克斯坦，私人筹集的学费资金占高等教育资金的最大
份额。特别是，私人投资是私立教育机构的主要收入来源，其中 88% 的
学生自行支付所有学费或由非国家来源资助。此外，在公立教育机构中超
过一半的学生（51.4%）也是自己承担教育费用。总体而言，哈萨克斯坦
用于高等教育的私人支出约占 GDP 的 0.7%。虽然在 2001—2016 年间，
哈萨克斯坦高等教育支出总额增长了近 20 倍，但政府对高等教育的投入
依然很欠缺，高校资金有很大缺口。（具体见图 6–9）[②]

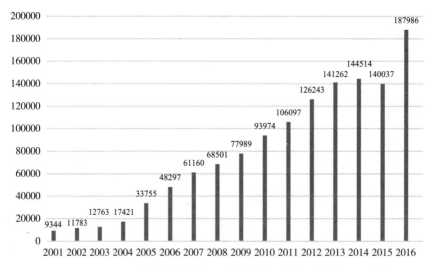

图 6–9　2001—2016 年哈萨克斯坦国家高等教育支出总额（100 万坚戈）

① *Обзор национальной политики в области образования Высшее образование в
Казахстане 2017*，ОЭСР，АО«Информационно-аналитический центр» за версию на
русском языке. стр.291，http：//www.resource.nauka.kz/high.

② С.Ирсалиев，А.Култуманова，Э.Тулеков，«*Национальный доклад о состоянии
и развитии системы образования Республики Казахстан*» *2016 год*，Астана：АО
«Информационно-аналитический центр»，2017，стр.342.

《哈萨克斯坦教育法》（2007）第 61 条对教育体系的财政保障做出了规定。教育财政体系包括共和国和地方预算的总和和其他收入来源。教育财政来源包括：1. 国家投入的教育预算资金；2. 国家计划内培养所需的预算资金；3. 不违法情况下获得的有偿服务所得收入；4. 第二级别的银行贷款；5. 赞助和慈善捐款、无偿扣款和捐款、其他资助。

公共教育支出占国内生产总值（GDP）的比例是衡量一个国家教育投入总量的重要指标。以 2013 年为例，哈萨克斯坦的财政性高等教育经费占其国家 GDP 的 0.44%。（具体见图 6-10）[①] 经统计，在全球 118 个发展中国家中，各国财政性高等教育经费占 GDP 的平均比例为 0.99%。[②] 可见，哈萨克斯坦的财政性高等教育经费投入一定程度上低于这些发展中国家的平均水平。

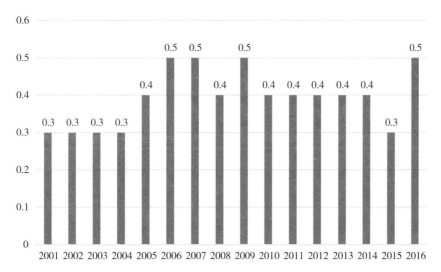

图 6-10　2001—2016 年哈萨克斯坦财政性高等教育经费占国家 GDP 中的比例

①　С.Ирсалиев，А.Култуманова，Э.Тулеков，《Национальный доклад о состоянии и развитии системы образования Республики Казахстан》2016 год，Астана：АО 《Информационно-аналитический центр》，2017，стр.343.

②　李慧、苏卡特、阿米娜：《中国与中亚国家"教育丝绸之路"合作路径探析——基于中亚四国高等教育的发展》，《东北大学学报》（社会科学版）2018 年第 4 期。

在拨款体制上，哈萨克斯坦的国家财政对全国高等院校统一拨款，各级教育管理部门不负责拨款。各级高校须在前一年向上级教育管理部门提出财政支出计划，得到核准后由财政统一下拨。20 世纪末，哈萨克斯坦进行了教育改革，制定出了《高等教育财政规划草案》《国家预定和教育贷款委培专家及大学生贷款分配程序》，采取一系列措施来实现国家对培养高科技人才的财政援助。

科研的深度和广度决定了一个国家创新的动力和活力。为此，各国积极投资研究与试验发展活动。2011—2015 年间，哈萨克斯坦的科研经费投入约占其 GDP 的 0.15%—0.17%。从高等教育研发经费占总研发投入的比例来看，用于高等教育的研发经费波动较大，保持在 11%—16% 的水平，但均出现过超过 30% 的比例。[①]

第六节　教育管理

1999 年新《教育法》要求实施高等教育分权管理以后，分权成为哈萨克斯坦教育管理和融资的主要特征，开始扩大高等教育系统的学术自由，为教授提供更多的时间从事学术研究，并实施教育系统的分权管理制度，为提高哈萨克斯坦高等教育的市场适应性奠定了基础。

哈萨克斯坦通过分权治理，推动大学由传统行政管理转向现代化市场管理。主要措施包括：创建大学管理委员会，加大高校在教育、科学、财务、国际事务等方面的办学自主权。成立科学理事会（Uchenyi Sovet），引导教师参与大学治理，提高学术自由与管理效率。《哈萨克斯坦共和国国家教育发展规划纲要（2011—2020 年）》明确提出：到 2020 年，全国 60% 的公立大学将采用"公司治理机制"（corporate governance-mechanisms），建立董事会（Board of Trustees）吸纳更广泛的利益相关

---

① 李慧、苏卡特、阿米娜：《中国与中亚国家"教育丝绸之路"合作路径探析——基于中亚四国高等教育的发展》，《东北大学学报》（社会科学版）2018 年第 4 期。

者参与大学治理。2016 年，九所大学试点成立监督委员会（Boards of Overseers）。改革后，大学不仅有权选择校长，批准财政预算、发展战略、招生、教师聘用标准，甚至还能决定高层领导班子的工资。①

在哈萨克斯坦大学的学术自由范围内，大学学士生 65%，硕士生 70% 和博士生 90% 的教学大纲内容可以自主选择和确定。纳扎尔巴耶夫大学作为具有较高自主权的高等教育学府，具有独有的法律地位和学术自由。教育管理部门不要求其接受国家鉴定部门的监督，可以自主招生，每年能得到巨额的国家财政保障（占大学预算总额的 92%）。

哈萨克斯坦国立大学的土地和房屋等硬件设施归国家所有，一些教学设备也是由国家投资的。教师的工资可以由国立大学自己管理。除了由教育部任命的校长工资不在学校管辖之内，其他所有教职员工的工资都由大学自己统一调配。高校有自己的财政预算，可以在教育管理部门统一的规章制度下自主安排资金的使用。同时，国立大学还可以与国内外教育组织建立联系，可以签订教师和学生的交流项目，但是教学计划的制订并不是完全自主的，在招生和学位授予上也有一定的限制。哈萨克斯坦科学与教育部规定，每一所国立大学经批准都可以自主设置一些专业和科目，同时接受国家教育质量监督系统的监督。国立大学必须经国家教育部门批准才可以开设新专业，教学大纲也必须符合国家标准。另外，教育部明确规定了学校的教学时数，并组织国家统一考试。成绩优异的学生和有特殊贡献的学生可以获得国家奖学金。

哈萨克斯坦所有的公民性（гражданские）院校均在其国家教育与科学部管辖之内。12 个非公民性（негражданские）（即军事或公安大学）院校由哈萨克斯坦紧急事务部、内务部、国家安全委员会、国防部和国家收入部负责管理。医学类高校的财政由国家健康卫生部承担，其他均有教育与科学部负责。

---

① 杨蕾：《跟跑国家世界一流大学体系建设策略研究——基于沙特阿拉伯、哈萨克斯坦两国的分析》，《比较教育研究》2019 年第 1 期。

随着非国立高等教育的发展，国家对非国立高校的管理，以及非国立高校内部的管理制度也在不断改革。哈萨克斯坦非国立高校可以自己任命校长，校长有着广泛的管理权力。非国立高校的校长可以酌情分配资金，管理土地和房屋等硬件设施。它们的教学设备、教材以及教学用具等比国立大学的更新速度还要快。在国立大学，教学设备等需要更新时，经常需要一系列烦琐的手续，还要等待相关领导部门的指示。在非国立高校，校长可以按照不同的专业和贡献，规定教师的工资。由于非国立高校资金运作灵活，所以教师的工资普遍高于国立学校。非国立高校可以自主设置专业，在教学计划和招生制度上相比国立高校，有更多的自治权。但是，国家标准和质量监督方面的规定，对国立高校与非国立高校同等适用。

对于高等教育，2017 年成为从旧的中央管理模式向新的、以大学自主为基础的管理模式的转变之年，在哈萨克斯坦教育历史上首次通过了关于扩大高等教育机构学术和管理自由的法律草案。为了加强公共监督，使之成为国家与公民社会在教育领域的互动机制，教育组织董事会工作安排和选举程序示范规则于 2017 年获得通过。

第七节　教育国际化

高等教育国际化是一个走向世界的过程。这一过程不仅包括学生能力的提高，还包括教师和科研人员能力的提高，要求高校的学生、教师和科研人员了解和适应世界经济、政治和学术发展趋势，具有参与国际经济、政治和学术活动的能力。对于哈萨克斯坦来说，高等教育的国际化意味着毕业生要全面掌握在世界经济条件下工作所必需的渊博知识、能力和技能，以及进行国际水平的科学活动，利用国际经验和外国专家的指导来提高整个高等教育的质量。"流动性"是高等教育国际化的核心概念，同时也是"博洛尼亚进程"的基本原则。高等教育跨境交流的形式，除了把本国的优秀人才送出去深造，还有把国外先进的理念和方法请进来。学生和教师的国际性流动，使现代教育更具国际性的特点。受博洛尼亚进程的影响，哈萨克斯坦学生和教师的国际流动大幅度增加。

自 1997 年签订《里兹本公约》进入国际教育空间以来，哈萨克斯坦同世界上许多国家在教育领域签订合作协议，并逐渐在世界高等教育的舞台上占领了一席之地。2004 年确立高等教育以"博洛尼亚进程"为改革目标后，哈萨克斯坦加紧了与欧洲国家的教育合作，在继续保持与俄罗斯的密切关系的基础上，把目光指向西欧发达国家。政府以优惠的政策吸引国外的教育投资，设置奖学金、助学金、国际教育贷款等项目，支持本国有才能的青年去共享国际优质资源。组织各高校学者同国外同行的交流，为本国学者参加国际学术会议等创造机会。国家出资在哈萨克斯坦境内创办了国际大学。哈萨克斯坦正努力利用国际经验和国际资助，促进高等教育质量的提高，吸引外国留学生和教学人员。

一、高等教育流动性

"流动性"（мобильность）是教育国际化的核心概念，同时也是"博洛尼亚进程"的基本原则。为了达到各项指标要求，哈萨克斯坦竭力扩大教育合作项目范围，加快教育国际化进程。2013—2015 年，3000 多名本科生和研究生到国外进行交流，3599 名来自欧洲、美国、俄罗斯和东南亚国家的外国学者和教师在哈萨克斯坦进行教育研究项目。[①] 目前哈萨克斯坦高校正在完成 400 多项高等教育合作协议，高校与国外机构签订的协议、备忘录和合同等达到 104 项。

（一）哈萨克斯坦的外国留学生

2000 年初出现的大学国际排名给各国大学之间的评比提供了平台，也从此有了全球竞争时代的开始。在世界范围内，所有的大学、教育集团和国家都在尽最大努力地吸引外国学生。哈萨克斯坦各大高校就读的外国

① *Стратегический план Министерства образования и науки Республики Казахстан на 2017-2021годы*. Приказ Министра образования и науки Республики Казахстан от 29 декабря 2016 года № 729. стр.12，http：//www.kaznpu.kz/docs/urist/5_rus.pdf.

留学生从 2001 年的 7151 人增长至 2016 年的 12837 人，占在校大学生总数的 2.7%。（具体见图 6–11）① 这一数据在 2002—2016 年共增长了 1.7 倍。② 大多数外国学生是根据哈萨克斯坦与中国、俄罗斯联邦、蒙古、乌兹别克斯坦、塔吉克斯坦、乌克兰、阿塞拜疆和阿富汗伊斯兰共和国的政府间协议在哈萨克斯坦学习深造的。

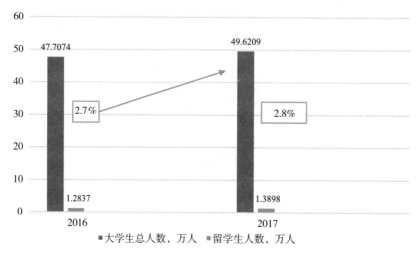

图 6–11　2016—2017 年哈萨克斯坦高校的外国留学生数量及总数中的比例

根据《2016—2019 年哈萨克斯坦教育科学发展国家战略》（ГПРОН на 2016—2019 гг.）要求，哈萨克斯坦高等教育体系中的外国留学生比例要达到 4%。作为战略性成就，2018 年，以 21727 人的总数已完成此项任务。哈萨克斯坦一半以上的外国留学生来自独联体国家，其中人数最多的是乌兹别克斯坦（9500）和土库曼斯坦（2615）的学生。

2018 年，在哈萨克斯坦学习的外国留学生当中，来自经合组织成

---

① Е.Нурланов，М.Аманғазы，Г.Ногайбаева，*Национальный доклад о состоянии и развитии системы образования Республики Казахстан（по итогам 2017 года）*，Астана：АО «ИАЦ»，2018，стр.303..

② С.Ирсалиев，А.Култуманова，Э.Тулеков，《*Национальный доклад о состоянии и развитии системы образования Республики Казахстан» 2016 год*，Астана：АО «Информационно-аналитический центр»，2017，стр.318.

员国的人数也比较多。① 他们的比例是：立陶宛（4.1%），以色列（4%）和挪威（3.9%），并领先波兰（3.4%），斯洛文尼亚（3.3%），西班牙（2.7%），韩国（1.9%），土耳其（1.3%），智利（0.4%）和墨西哥（0.3%）。

（二）在国外留学的哈萨克斯坦学生

哈萨克斯坦十分重视与国外学校的交流，通过国家间的协议和校级交流协议与世界上许多国家的教育界保持着联系。哈萨克斯坦每年向国外派遣留学生，包括土耳其、美国、德国、中国和独联体国家。与1991 年相比，2016 年赴俄罗斯留学的哈萨克斯坦大学生数量增加了两倍。2015 年在俄罗斯各地区高校中学习的哈萨克斯坦学生达 4.64 万人。（具体见图 6–12）② 在俄哈国际教育协议框架内学习的哈萨克斯坦青

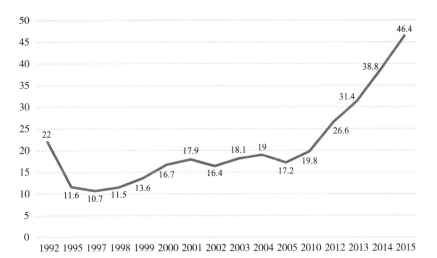

图 6–12　1992—2015 年在俄罗斯联邦高校攻读学士学位、专家文凭和硕士学位的哈萨克斯坦大学生人数（千人）

① М.Атанаева，М.Аманғазы，Г.Ногайбаева，*Национальный доклад о состоянии и развитии системы образования Республики Казахстан（по итогам 2018 года）*，Нур-Султан：Министерство образования и науки Республики Казахстан，АО «Информационно-аналитический центр»，2019，стр. 118-119.

② С.Ирсалиев，А.Култуманова，Э.Тулеков，«*Национальный доклад о состоянии и развитии системы образования Республики Казахстан» 2016 год*，Астана：АО «Информационно-аналитический центр»，2017，стр.319-320.

年从 2010 年的 1200 人增加至 2015 年的 1700 人。在俄罗斯教育出口政策的推动下，2018 年在俄学习的哈萨克斯坦学生达 69895 人，占总人数的 78%。

在国外学习深造的哈萨克斯坦学生从 1999 年的 2800 人增长到 2014 年的 7.45 万人，其中大部分在俄罗斯联邦。2018 年，在外国学习的哈萨克斯坦学生达 89505 人，比 2011 年的 43364 人增加了一倍。

表 6-2　2018 年哈萨克斯坦的留学情况（单位：人）

流出国		流入国	
俄罗斯	69895	乌兹别克斯坦	9500
吉尔吉斯斯坦	4907	印度	3717
土耳其	1986	土库曼斯坦	2615
美国	1963	俄罗斯	1273
英国	1545	中国	1240
车臣	1515	吉尔吉斯斯坦	1084
马来西亚	1002	蒙古	565
其他国家	6692	塔吉克斯坦	503

资料来源：М.Атанаева，М.Аманғазы，Г.Ногайбаева，*Национальный доклад о состоянии и развитии системы образования Республики Казахстан (по итогам 2018 года)*，Нур-Султан：Министерство образования и науки Республики Казахстан，АО «Информационно-аналитический центр»，2019，стр.119.

根据哈萨克斯坦《2016—2019 年国家发展战略》（ГПРОН на 2016—2019 гг.）的相关要求，哈萨克斯坦要不断扩大外国留学生数量。

二、"博拉沙克"总统奖学金

哈萨克斯坦政府意识到，与西方先进国家相比，本国的专家型人才很少，需要让更多有才华的学生走出国门去学习西方先进的技术和理念。在哈萨克斯坦政府的支持下，1993 年"博拉沙克"总统奖学金项目（Президентская стипендия «Болашак»）正式启动。该项目为哈萨克斯坦独立自主地加入国际教育领域发挥了巨大作用。项目是由政府统一管理下的"博拉沙克"国际项目中心监督执行，主要工作内容是每年向 100 名出国留学人员发放奖学金。2006 年，国家对选拔内容进行了补充，并确定了国家管理、教育学、工业创新发展、农业学、航天学、建筑学、卫生保健、社会安全、食品工业、旅游、纺织学、石油天然气产地治理和冶金学等优先支持的专业。奖学金发放对象从最初的赴美、英、德、法名校录取生，发展到包括农村青年、国家干部和科学教育工作者在内的群体。从 2015 年开始，硕士和博士学位申请者的资助名额有所提高。

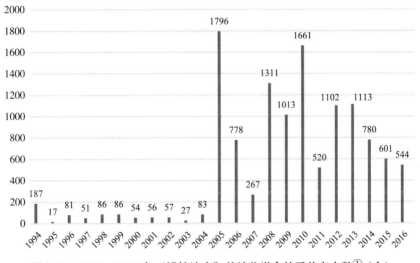

图 6–13　1994—2016 年"博拉沙克"总统奖学金的受益者人数①（人）

　　1994—2017 年，获得"博拉沙克"奖学金的人数达到 12831 名，其中在英国、爱尔兰就读的有 5671 人，在美国和加拿大学习的有 5094 人。按照学位层次分，2017 年的硕士是 5027 人，学士是 2855 人，（从 2011 年起学士学位申请名额减少），博士是 125 人。按照毕业生的专业类型来

---

① С.Ирсалиев，А.Култуманова，Э.Тулеков，*«Национальный доклад о состоянии и развитии системы образования Республики Казахстан» 2016 год*，Астана：АО «Информационно-аналитический центр»，2017，стр. 322.

看，文科的占53%，理工科的占38%，医学专业的占7%，其他专业占2%。2017年的毕业生当中，回国找工作的有4632人，其中大部分在阿拉木图市（46.4%）和阿斯塔纳市（28.4%）就业。[①]"博拉沙克"总统奖学金为哈萨克斯坦教育国际化提供了有力支持，为该国教育改革的顺利进行提供了大量有用人才。

三、创建本土的世界一流大学：纳扎尔巴耶夫大学

哈萨克斯坦致力于发挥顶尖高校的旗舰功能，以顶尖引领高等教育系统变革。世界一流大学的发展动力不仅来自高等教育全球化的竞争压力，更是源于民族国家的发展愿景。重点建设是创建世界一流大学的常用策略。2010年，以成为全国高等教育改革和研究的标杆，国家创新和知识驱动的中心为使命，政府巨额投资新建哈萨克斯坦顶尖高校纳扎尔巴耶夫大学。2011年获得9000多万美元预算，约占整个国家教育预算的6.5%。自开始招生至2017年，已拥有450多名教职员工和研究人员，2917名本科生，780名研究生和120名博士生。设有8个学院，提供19类本科学位项目，25类硕士学位项目，3类普通博士学位项目以及医学博士学位项目。大学受特殊法律保护的学术自由和机构自治，教师团队十分国际化，采用全英文授课。

纳扎尔巴耶夫大学将"成为哈萨克斯坦高等教育改革和现代研究的典范，为让阿斯塔纳成为国际创新和知识中心而做出贡献"视为自己的使命，不断加强与世界一流大学的战略合作。目前已与美国威斯康星大学科学与人文学院、美国杜克大学富卡商学院、新加坡国立大学李光耀公共政策学院、美国匹兹堡大学医学院、美国宾夕法尼亚大学教育研究院等建立了战略合作伙伴关系。学校拥有阿斯塔纳商业园区，国家实验室阿斯塔纳等62个研究与教学实验室。

---

① Е.Нурланов，М.Аманғазы，Г.Ногайбаева，*Национальный доклад о состоянии и развитии системы образования Республики Казахстан（по итогам 2017 года）*，Астана：АО «ИАЦ»，2018，стр.307-308.

作为哈萨克斯坦高等教育系统改革的推动者，纳扎尔巴耶夫大学装备精良、资金充足，拥有高度的大学自治。"把世界一流的西方精英大学的发展目标与质量标准作为标本，培养具有全球竞争力的哈萨克人，成为中亚的牛津大学或哈佛大学"依旧是他们的长期奋斗目标。

第七章　哈萨克斯坦的师范教育

　　师范教育是教育体系的中心环节，其决定着教育体系整体功能及每个部分的有效性。在哈萨克斯坦《教育法》（об образовании）、《哈萨克斯坦教育发展 2005—2010 国家纲要》（Государственная программа развития образования в Республике Казахстан на 2005—2010 годы）以及哈萨克斯坦总统国情咨文《哈萨克斯坦在经济、社会和政治现代化加速的道路上》（Казахстан на пути ускоренной экономической, социальной и политической модернизации）的指导下，并考虑到《职业和技术教育公约》（Конвенция по техническому и профессиональному образованию）、世界高等教育大会的宣言、欧洲国家教育部长会议以及联合国教科文组织关于连续教育的建议，哈萨克斯坦教育与科学部于 2005 年颁布《哈萨克斯坦新型教师的连续师范教育项目》（Концепция непрерывного педагогического образования педагога новой формации Республики Казахстан）。

　　根据 2018 年统计数据，哈萨克斯坦学前教育机构教师数量为 90671 人，其中城镇地区教师数量为 51994 人，农村地区为 38677 人。① 拥有高等教育文凭的教师数量是拥有职业技术教育文凭教师数量的约两倍，分别

---

① Е.Нурланов，М.Аманғазы & Г.Ногайбаева，*Национальный доклад о состоянии и развитии системы образования Республики Казахстан（по итогам 2017 года）*，Астана：АО «ИАЦ»，2018，стр.210.

占 63.6% 和 34.8%。全国有三分之一（约 33.6%）的教师拥有"学前教育教学"专业资格证书。就年龄而言，全国学前教育机构教师平均年龄为 34.6 岁，40 岁以上的教师拥有更高的专业培训水平。全国有 55.3% 的教师没有职称，这与大量年轻教师缺少进修经历相关。此外，学前教育领域存在教师流出现象，2016—2017 学年学前教育机构共流出教师 36111 名，占学前教师总人数的 28.5%。

2018 年，哈萨克斯坦基础教育机构共有 285996 名教师，自 2016 年起增长了 11239 名，其中 80.3% 为女性。90.5% 的教师和 99.7% 的校长拥有高等师范教育文凭。这一方面的数据显示，城乡差距在缩小，由 2016 年的相差 3.5% 减少到 2017 年的 3.2%。[1] 按照哈萨克斯坦国家发展纲要的要求，拥有高级职称的教师数量占比应在 2017 年达到 51.7%。目前，城市拥有高级职称的教师数量远高于农村地区，分别是 30.6% 和 16.5%。哈萨克斯坦教师的平均年龄为 41 岁，平均工龄为 16 年。大部分的学校校长年龄超过 50 岁，并拥有担任校长职务十年以上的经验。教师的平均工资为每月 114445 坚戈，比全国平均工资水平低 32%。

根据 2018 年的统计数据，近三年来，哈萨克斯坦技术和职业教育机构的教师数量下降了 2290 人，技能培训专家的数量仍旧较低，仅占技术和职业教育机构教师总数的 13%。自 2015 年起，技术和职业教育机构 55 岁以上及退休教师的数量上升了 3.5%。同时，年龄在 25 岁至 54 岁之间的教师及技能培训专家的数量持续下降。

2017 年高等及高等后教育机构教师人数为 38212 人，生师比为 7:1，其中 24626 名为女性，占教师总人数的 64%。有 600 名教育学专业的教师参加了外语培训，1765 名教授及副教授在国外高校进行科学研究。教师平均工资高于其他教育领域，为 136662 坚戈每月。

---

[1]　Е.Нурланов，М.Аманғазы & Г.Ногайбаева，*Национальный доклад о состоянии и развитии системы образования Республики Казахстан（по итогам 2017 года）*，Астана：АО «ИАЦ»，2018，стр. 211-212.

第一节　连续师范教育体系

连续师范教育体系是帮助教师不断促进能力（一般能力和特殊能力）及需求（专业认知需求、精神需求）发展的过程。哈萨克斯坦连续师范教育体系包括中等师范教育、中等后师范教育、高等及高等后师范教育、教师技能提升以及教师再培训六个部分。该体系基于《哈萨克斯坦教育发展2005—2010 国家纲要》中的主要规定而建立，强调五个层次的统一性和连续性。

第一层次为教师专业的大学前职业指导。哈萨克斯坦目前实行 12 年学制的普通教育，因此在侧重专业性教学班级开设专门的教师教育课程。其主要内容包括：首先，从中学低年级开始加强教师教育专业的职业定位指导；其次，在广泛使用新的教学法、信息技术和计算机网络技术的基础上，为学生提供职业指导系统；第三，在传统的职业指导基础上，引入职业指导的创新形式，比如在普通教育机构内开设教师班、开设基于大学和学院的未来教师学校、开设教师教育选修课、中学生教师教育奥林匹克竞赛、教育专业预科课程以及儿童补充教师教育课程等；最后在职业指导方面引入指导者角色。哈萨克斯坦普通教育已经从 11 年过渡为 12 年，职业指导者能够帮助高年级学生提前明确职业方向，使其进入侧重师范专业的学习班级（11—12 年级）。

第二层次为中等后师范教育阶段。学生在师范学院学习。同时，只有完成 12 年义务教育后才有权进入师范大学的三年级继续学习。中等后师范教育实际上为中等后非高等教育，通常在师范学院中进行。师范学院一般可以独立存在，也可以作为连续师范教育体系的一部分附属于师范大学。师范学院主要为学前教育、初级普通教育和普通教育阶段培养教师。完成 12 年普通教育的中学毕业生才有资格进入师范学院，学制为两年，其教学大纲应该与师范大学的本科课程相衔接，师范学院的毕业生有权进入师范大学三年级继续学习。

第三层次为高等师范教育阶段。高等师范教育是连续师范教育体系中的主要环节，其在高等教育机构中开展，主要为12年普通教育阶段及其他各类教育机构培养教师，学制为4年。学生毕业后获学士学位文凭，随后可以以实习教师的身份在教育机构中工作一年。实习是师范大学毕业生的必须要求，其有众多功能：首先，使毕业生适应实际教育过程；第二，帮助学生选择人生道路，比如在教育机构中担任教师，并继续进行研究生阶段的学习；第三，积累实际教学经验，提高教学水平。此外，获得优秀毕业生称号的学生可以直接继续进入硕士阶段学习。

第四层次为大学后师范教育阶段：1—2年学制的专业硕士和3年制的博士。硕士阶段主要有两个方向：其一，侧重中学和高等教育教学法、社会教育学、教育管理（教育管理人员培训）方面的深入培养，学制为1年，毕业生获教育硕士学位；其二，进行科学教育学方面的深入研究型工作，学制两年，毕业生获理学硕士学位。只有高等教育机构有权力培养教育学专业硕士。同时，只有硕士或者博士有权进入高等教育机构任教。博士阶段是师范教育体系的最终阶段，其目的是培养具有教育学和教育学专业最高资格的科学教育人才。获得教育硕士文凭的博士学习时间为4年，而获得理学硕士学位的博士学习时间为3年。完成教育学博士学位课程学习的在读博士需进行博士论文答辩，通过者将被授予哲学博士学位。

第五层次为教师进修及再教育体系。其主要目的是帮助教师更新和巩固已有的专业知识，提高教师的业务能力以适应不断变化的教育需求，从而帮助教师职业创造性地自我实现。现代教师高级进修系统是各类组织形式下的教育机构及其管理部门、科学研究机构、信息服务机构、补充教育机构的集合。该系统以众多组织形式实施，比如组织教师自我教育、教育机构内部开展研讨会、教师进修学院开展的各类高级培训、大学教师培训中心等等。

在教育服务市场逐渐形成的背景下，每位教师都有权利制定自身的职业发展战略。连续师范教育体系能够基于灵活性、可变性、连续性和一致性的原则充分满足社会对于教育体系和教师专业活动不断变化的需求。

第二节　师范教育的问题与展望

近年来，哈萨克斯坦社会对于新型教师的要求发生了很大变化。新型教师应当是一个在精神上高度发展的、富有创造力的、具有反思能力的、拥有专业技能的人，理想情况下应当清楚地了解教育的内在价值；是一个有文化的人，不仅对自己的学科，还应对教育学和心理学有非常深入的了解，并有动力进一步发展自己的人格的健全及个性的发展。新型教师应当具备三种能力，分别是方法论能力（教育学心理学）、一般文化能力（世界观）、学科导向能力。

此外，哈萨克斯坦普通教育由之前的 11 年学制转为 12 年，这在一定程度上更加要求教师应具有创新的思维方式，在教学活动方面首先应当能够客观评价自身作为新型教师的能力，了解其自身的弱项和强项，比如自我调节能力、情感表现能力、沟通能力、教学能力等；其次，掌握智力活动的一般文化，比如思维、记忆、感知、表达、注意力等等；最后，应当拥有充分的语言培训，能够适应多元文化，以此适应世界教育空间的一体化发展趋势。

自独立以来，为提高本国教育的国际竞争力，哈萨克斯坦对教育系统进行了全方位改革。其改革呈现出许多较好的趋势，比如教育内容的可选择性和多层次、各专业国家教育标准的更新、信息技术的更新、开设新的专业和学科、教育机构自主权增加、重视人道主义教育等等。

在高等教育改革过程中，哈萨克斯坦传统的师范教育体系得以更新，以更加满足社会对于新型教师的需求。例如，在教学大纲的重新修订方面，曾经为满足中小学的需求所开设的并作为教师专业化培养的基础模块教育心理学的相关课程被最小化，并被大学古典教育科目所取代。这些措施都极大地提高了教师的综合素质培养。

但是，当前哈萨克斯坦师范教育国家标准没有充分考虑各级教育的连续性原则，同时缺乏方法使教学大纲与国家标准保持一致，这就使得追踪教育结果和评价教师培训质量异常困难。此外，哈萨克斯坦连续师范教育体系还存在一定问题：首先，缺乏科学的方法来构建具有连续的师范教育标准和课程；第二，各级师范教育体系的开发、测试和实施机制不够完善；第三，欠缺科学的师范教育质量诊断方法；第四，在教师的专业化发展过程中，缺乏具有灵活性、侧重性的项目和课程；第五，缺乏专门针对低年级和农村师资培训的理论和方法；第六，在教师专业化发展过程中没有充分考虑区域特征；第七，教师社会地位低，社会保障较弱，社会声望低下，教师人员老龄化。

为了更好地培养新型教师，哈萨克斯坦在未来的连续师范教育体系建设中将依据一定的原则：第一，教育的人本主义原则；第二，基础性原则，即以科学论证为基准，保证专业学科、教育心理学课程以及一般文化课程的质量；第三，整体性原则，通过跨学科学习形成对于世界整体图景的认知，同时这些基础学科要保证内容与目的的统一性；第四，广博性原则，确保专业学科和一般文化课程的完整性和统一性；第五，确保师范教育各个阶段的连续性和可承接性，从而保证教师个性发展的连续性；第六，连续师范教育体系内教育过程、教育内容及技术的灵活性和可选择性；第七，互补性原则，即填补基础教育的空白；第八，适应性原则，发展教师适应快速变化的社会的能力；第九，教育的发展性原则，教育需要满足个人精神需求，满足个人创造性成长的需求；第十，民主化原则，即每位教师均有接受继续教育的机会；第十一，融合传统和新型的、正轨和非正轨的教育结构；第十二，普遍性原则，将各代人和所有社会不同群体纳入不同的教育结构和水平中。①

---

① Министр образования и науки Республики Казахстан：Концепция непрерывного педагогического образования педагога новой формации Республики Казахстан，2005 年 5 月 24 日，见 https://pandia.ru/text/77/354/873.php。

第三节　提升教师地位的举措

2018 年，在哈萨克斯坦总统的倡议下哈萨克斯坦通过《关于教师地位》（О статусе педагога）草案，从法律地位上明确了提升教师地位的必要性，并完善了教师地位提升的主要机制，主要是采取提高教师地位和提升教育学专业的地位两种方法。

提高教师工资、增加教师职业发展机会是教师的重要物质动力。例如，对职业生涯不同阶段的学前教育教师的工资进行分析后发现，哈萨克斯坦学前教师职业生涯的薪资增长率仅为 30%，而经合组织国家的平均增长率为 60%。[①] 这种差异可能与学前教师接受高级培训的机会较少以及基本工资外的绩效工资较低有关。因此，根据哈萨克斯坦目前的学前教育证书制度，只有 3 个资格类别，分别是第二级别、第一级别和最高级别。根据《关于教师地位》草案，预计随着哈萨克斯坦学前教育资格类别向新系统的过渡，类似于普通教育，资格类别的数量将增加到 5 个（教师、教研主任、专家教师、研究型教师、高级教师），并且将根据资格类别的不同增加奖金。[②]

提高教师的社会保障水平是教师的另一重要物质动力。当前的《教

---

①　АО «Информационно-аналитический центр» МОН РК，*Система набора и найма педагогических кадров для ДВО*，2017 年 12 月 3 日，见 http：//iac.kz/ru/analytics/sistema-nabora-i-nayma-pedagogicheskih-kadrov-dlya-doshkolnogo-vospitaniya-i-obucheniya。

②　Приказ Министра образования и науки РК：*Об Утверждении Правил и Условий Проведения Аттестациипедагогических Работников и Приравненных к Ним Лиц，Занимающих Должности в Организациях Образования，Реализующих Общеобразовательные Учебные Программы Дошкольного Воспитания и Обучения，Начального，Основного Среднего и Общего Среднего Образования，Образовательные Программы Техническом Профессионального，Послесреднего，Дополнительного Образования и Специальные Учебные Программы，и Иных Гражданских Служащих в Области Образования и Науки от 27 января 2016 г. № 83*，2016 年 1 月 27 日，https：//online.zakon.kz/document/？doc_id=37044391。

育法》(第 53 条) 为教师规定了若干社会保障, 其中之一是住房, 包括职工住房和 (或) 宿舍。其二是保证中小学校和学院的老师有 56 天的带薪假, 保证学前教育机构和补充教育机构的教师有 42 天带薪假。另外两项福利是给予教师每年一次疗养度假以及评选 "最佳大学教师" 和 "最佳教师"。其余的保证适用于在农村地区工作的教育工作者 (根据地方当局的决定增加 25% 的津贴, 用于公用事业和燃料的支付、饲料的提供、放牧和干草的土地等)。作为附加措施, 可以提供上述带薪指导, 并共同支付硕士学位的费用, 在学前班组织中为教师的子女提供学习名额。此外, 教育组织的资金筹措主要是从地方预算中进行的, 有必要扩大教育部的能力以改善教师的工作条件。该措施将为在该领域做出适当的管理决策提供良好的法律基础。

针对工作一年以上的教师进行指导是减少年轻教师人员外流的重要措施。根据 2014 年纳扎尔巴耶夫知识学校卓越教育中心 (Центр педагогического мастерства АОО «НИШ») 在 2011—2013 学年期间对 350 名年轻教师和 334 位教育机构负责人进行的一项监测研究, 大约 30% 的年轻教师在毕业后的第一年工作中离开了教育行业。参加调查的 56.4% 的毕业生认为大学的教育过程仅部分符合现代学校的现实, 而 16.3% 的人认为其师范教育的内容与现代学校的现实不符。因此, 在这方面, 设立专门的教学指导教师是减少教师人员外流的重要机制, 即由教育组织 (指导者) 负责人选择具有丰富教学经验的教师为年轻教师提供专业适应方面的实际帮助。

创意假期以及现有的带薪年假可以促进教师创意研究文化的发展。随着教学思想和实践的发展, 研究不再被视为个别创造性教师的任务, 而是所有教师教学活动的重要组成部分。例如, 教师将个人的实践研究以课例研究和行动研究的形式引入中学教育的更新内容中。长期以来,《教育法》规定了教师在保留教学经验的同时享有创造性休假从事科学活动的权利 (第 51 条第 2 款、第 11 款)。但实际上, 这项权利与具有学位和职称的大学教职员工更为相关。目前, 这种观点正在发生变化。与此相关的是，这一条款已经成为"关于教师地位"法律草案的一部分。

此外，哈萨克斯坦提高教师地位的措施还包括教育学专业的吸引力提升。长期以来，教育学专业对于中学毕业生的吸引力很低。尽管大学提供的补助金越来越多，但年轻人仍更倾向经济、管理、银行、翻译、国际法等领域的更多专业，所有这些领域的特点是平均工资较高。因此，教育学专业的平均录取分数线最低。2018年，教育学专业公费生的平均分数为78—84分，满分为140。同时，绝大多数学生（70%—80%）以自费的方式进入师范专业，其平均分数更低，为50—60分。[①] 因此，哈萨克斯坦政府致力于提升教育学专业的吸引力，促进更多优秀中学毕业生选择教育学专业，即采取措施从根本上改变师范大学和学院学生中的"逆向选择"，比如增加教育学专业的奖学金以提高教师的社会地位。以纳扎尔巴耶夫大学（Nazarbayev University）为例，该大学的教育学专业的奖学金高于其他专业。提高针对教育学专业申请人的要求是提高教师地位的另一项必要的长期措施。例如，在哈萨克斯坦共和国《2016—2019年国家科学发展战略》框架下，2016年哈萨克斯坦开展了一项确定毕业生选择教育学专业倾向的特殊测试。2018年，大学录取教育学专业的标准规则中包含了一种类似的机制，以面试或者解决教学情境问题的形式确定职业适合性。此外，对于进入师范学院和大学的"教育学"专业的自费毕业生最低分数不得低于60分。

《关于教师地位》法案的出台不仅是哈萨克斯坦教育界的呼声，更是全体哈萨克斯坦公民的需求。该法案的制定与落实将大大影响哈萨克斯坦教师的持续培养，关系国家的教育根本。

---

① М.Атанаева, М.Аманғазы & Г.Ногайбаева, *Национальный доклад о состоянии и развитии системы образования Республики Казахстан* (*по итогам 2018 года*), Нур-Султан：Министерство образования и науки Республики Казахстан, АО «Информационно-аналитический центр», 2019, стр.261.

第八章　哈萨克斯坦教育改革的基本趋势

建立新的主权以后，哈萨克斯坦政府意识到教育对社会发展的战略性意义。通过采取逐渐加大国家财政对教育领域的拨款力度、不断提高国民教育质量等措施，在教育领域取得了很多关键性成果。与此同时，哈萨克斯坦因正处于从资源型经济向创新发展转型的时期，所以，如何实现国家经济的多元化是哈萨克斯坦面临的一个严峻挑战。跻身于世界发达国家30强列为奋斗目标，纳扎尔巴耶夫总统相继提出了《哈萨克斯坦—2030》《哈萨克斯坦—2050》《"光明大道"新经济计划》等战略。在这些战略中，教育被视为哈萨克斯坦国家创新体系的一个重要组成部分，将教育体制适应新的社会经济环境被确定为教育改革的总目标。

第一节　哈萨克斯坦最新教育政策

1995年8月30日，经全民公决通过了哈萨克斯坦共和国第二部宪法。该宪法第30条规定：1.国家保证公民在公立学校免费接受中等教育，中等教育为义务教育；2.哈萨克斯坦公民有权通过竞争在公立高等学校接受免费的高等教育服务；3.在私立学校中接受收费教育的条件和办法由法律规定；4.国家规定教育通用标准，所有教育机构的教育活动都应遵循该标准。

1999年通过的《哈萨克斯坦新教育法》明确了国家教育体制的新模

式，要求教育机构提供高质量的教育，培养高技能的专家学者和富有独立思考能力和更高水平的公民。哈萨克斯坦议会于 2007 年 7 月 10 日全票通过的新《教育法》规定的国家有关教育的基本原则是：哈萨克斯坦共和国所有公民有权接受高质量的教育；国家确保教育发展的优先性、世俗性、人文性和发展性质；保证各级教育过程的连续性、继承性和教育管理的民主性以及教育活动的透明性；对人的权利和自由的尊重；激励个性教育和天才培养；保持教育机构所有制形式和教学培养方式的多样性等。哈萨克斯坦从国家一级保证了公民接受教育的免费性质。《新教育法》第 8 条规定：国家保障每一个哈萨克斯坦公民免费接受学前教育，初等、基础和普通中等教育，并在竞争的基础上，以国家定向培养的方式接受免费的技术和职业教育、中等后教育、高等教育和大学后教育。教育的免费性要通过国家教育机构的预算经费、有偿教育服务所获得的收入和其他资金来源实现。

2017 年 4 月 18 日修订的哈萨克斯坦新版《教育法》[①] 在第一章第三条中明确了国家教育政策原则：所有公民有权获得保证质量的教育机会；保障教育系统发展的优先性；发展包容性教育环境，保障每一个公民在不受歧视的情况下平等获得所有教育阶段的教育机会，包括在生理和心理上有特殊需要的人；保障教育的世俗性、人文性和发展性，优先考虑每个人的公民和民族价值、生活和身体状况以及自由发展；尊重人的权力和自由；促进教育的个性化和天才儿童的发展；保障教育过程的连续性；确保教学、教育和发展相统一；保障教育管理民主化和教育活动的透明性；确保教育所有制形式的多元化，教育教学方式的多样化；在教育机构内禁止任何政党和宗教组织创建机构或组织活动。

一、《哈萨克斯坦 2005—2010 年国家教育发展规划》

2004 年 10 月 1459 号总统令批准的《哈萨克斯坦 2005—2010 年国家

---

① Закон Республики Казахстан «Об образовании» (с изменениями и дополнениями по состоянию на 18.04.2017г.)，http：///online.zakon.kz.

教育发展规划》① 提出的战略目标是：实现国家多层次教育系统的现代化，提高人力资源培训质量，满足个人和社会需要。教育发展的主要任务包括：根据国内传统、世界经验和可持续发展原则改革教育内容和结构，实现尽快过渡到 12 年制中等普通教育；引入新的教育层面，即中等后职业教育；在高校拨款的基础上，保障三个层次的人才培养体系，即学士、硕士、博士（哲学博士）；建立一个符合国际统计标准的教育统计指标系统。融入世界教育领域，建立国家教育质量评估体系。加强教育系统的物质技术基础，实现教育、科学和生产的融合；为职业培训中的社会伙伴关系创造条件，加强教育领域的科学和创新活动。

二、《哈萨克斯坦 2009—2011 年战略规划》

哈萨克斯坦教育与科学部 2008 年出台的《2009—2011 年战略规划》② 提出的战略目标，主要内容包括：第一，提高教育和科学系统的管理水平和财政效率，在现有基础上将职业学校在校生总数增加 24%；第二，通过引进外国教师和让本国教师经常参加培训和进修等方式，确保职业技术学校的高水平师资队伍；第三，听取用人单位的意见，制定符合其需求的教育标准和教学大纲，提高人才培养质量；第四，建立委培学习机制，学校与企业建立紧密合作关系；第五，为青年提供科学技术援助项目，帮助他们参与到服务国家社会经济发展的活动中来。

三、《哈萨克斯坦 2011—2020 年国家教育发展纲要》

2011 年哈萨克斯坦政府制定出台的《2011—2020 年国家教育发展纲

---

① *Государственная программа развития образования на 2005-2010 годы.* утверждена Указом Президента страны от 11 октября 2004г. №1459，https：//online.zakon.kz/ Document/？doc_id=1050925.

② *Об утверждении Стратегического плана Министерства образования и науки Республики Казахстан на 2009-2011 годы.* Постановление Правительства Республики Казахстан от 23 декабря 2008 года № 1207，http：//adilet.zan.kz/rus/docs/P080001207_.

要》① 将今后 10 年的教育主要任务确定为：确保教育质量符合时代要求，教育改革应与个人、社会、国家的根本利益和未来发展相适应。哈萨克斯坦教育事业的优先发展方向有两个：一是努力保证所有国民均可接受高质量教育；二是完善教育管理和拨款体制。《纲要》提出：要让教育改革成为公民发展、国家富强和民族安全最重要的保障因素之一；应充分发挥高等教育改革的潜在力量维护国家统一，拓展社会发展空间，改善民族关系，突破多元社会文化、不同信仰间的冲突和社会不平等的限制；哈萨克斯坦高校在保持和发展民族文化特色的同时，还要承担推动社会其他领域发展的职责，使公民的法治意识和文化生活均具有相当高的水平。

四、《哈萨克斯坦 2016—2019 年教育科学发展国家战略》

2016 年 3 月，哈萨克斯坦以政府令的形式确认了《2016—2019 年哈萨克斯坦教育科学发展国家战略》。② 该战略提出的总目标是：提高教育与科学的竞争力，为经济的稳定增长输送人才资源。战略目标包括：保障学前教育和中等教育质量的平等可达性；培养德智体美全面发展的公民；通过改善技术职业教育条件，激发年轻人的社会经济激情；保障向各经济领域提供具有竞争力水平的高等和高等后人才供应，实现教育科学一体化和创新；为国家经济的快速多样化和可持续发展做出科学贡献。具体战略任务包括：1.改善学前教育师资队伍质量，提高职业声望；根据人口变化，扩大学前组织网络；更新学前教育教学内容，为小学输送高质量的儿童；改进学前教育教学的管理和监督；提高教师职业的声望和师资队伍质量。2.确保中等教育的基础设施发展；更新中等教育内容；在中小学生当中形成"永远的家乡"全民爱国思想（Духовно-нравственные ценности

①　马新英、程良法：《哈萨克斯坦"2011—2020 年国家教育发展纲要"中高等教育改革解读》，《俄罗斯中亚东欧市场》2013 年第 2 期。

②　*Государственная программа развития образования и науки Республики Казахстан на 2016-2019 годы.* Утверждена Указом Президента Республики Казахстан от1марта 2016года №205，https：//online.zakon.kz/document/？doc_id=32372771.

Общенациональной патриотической идеи «Мәңгілік Ел» ）的精神道德价值观以及健康生活文化意识；改善中等教育管理和监督。3. 提高技术和职业教育制度的声望；确保技术和职业教育的普及和培训质量；根据国家工业创新发展的要求，更新技术和职业教育内容；职业教育学员中加强"永远的家乡"全民爱国思想的精神道德价值观以及健康生活文化意识；完善技术和职业教育发展的管理与监督。4. 保障有竞争力的人才培养质量；保障在现行世界趋势下高等教育和高等后教育内容的现代化；为科学研究和技术成果的商业化创造条件；吸引大批年轻人纳入高等教育机构，增强其"永远的家乡"全民爱国思想的精神道德价值观以及健康生活文化；完善高等教育和高等后教育的管理和监督。5. 增加科学对经济发展的贡献；巩固科学能力和科学家地位；实现科学基础设施现代化；改善科学发展的管理和监督。

五、《哈萨克斯坦教育与科学部 2017—2021 战略》

哈萨克斯坦教育与科学部长于 2016 年 12 月签发的《哈萨克斯坦教育与科学部 2017—2021 战略》① 提出的教育使命是：形成和实施教育与科学领域的国家政策，国家青年政策，保障儿童的权力和法律利益，培养青少年一代"永远的家乡"共同意识，保障发展纳入全球 30 个最发达国家行列的民族智力潜能。共和国各教育层面的优先发展方向包括：1. 学前教育领域：创新学前教育教学内容；提高学前教育教师队伍质量；扩大学前教育网络。2. 中等教育和儿童权利保护方面：创新中等教育教学内容，为全面达到 12 年制教育体系提供保障；实施三语教学。在 2019—2020 学年让高中的 11—12 年级实现至少有两门课程（信息、生物、物理、化学中选择）能够用英语授课；提升中等教育师资队伍水平，完善教育管理制度；中等教育基础设施得到保障；形成中小学生文明健康的生活方式，保护儿

---

① *Стратегический план Министерства образования и науки Республики Казахстан на 2017-2021годы.*，http：//www.kaznpu.kz/docs/urist/5_rus.pdf.

童权益。3. 技术职业教育领域：为保障技术职业教育的普及和青年职业发展提供保障；以企业主和国际社会的经验要求实现技术职业教育内容的创新；为提高技术职业教育的工程教育工作者职业技能创造条件。4. 高等和高等后教育领域：保障具有竞争能力的人才培养质量；实现世界发展趋势下高等和高等后教育内容的现代化；完善高等和高等后教育的管理和监督机制；加快高等教育机构的基础设施建设。

第二节　哈萨克斯坦教育发展的成绩

在国家领导人的高度重视和数千万教育工作者共同努力下，哈萨克斯坦教育取得了很多实质性成就。自 1991 年至 2016 年，在独立后的哈萨克斯坦新出生的婴儿达到 800 万，占总人口的 50% 左右；数百个中小学生在国际奥林匹克竞赛中获得金奖。作为总统计划奖学金"博拉沙克"（Болашак）的受益者，1.2 万名优秀大学生在世界各地的著名学府里学习深造，近 14 万的哈萨克斯坦公民在国外高校接受了高等教育。[①] 参与 TIMSS–2015 年的小学生成绩达到国际标准的中等水平，并超过美、英、德和加拿大等国家的竞争对手指标。

一、国际背景下的哈萨克斯坦教育成绩斐然

2007 年哈萨克斯坦的人类发展指数名列 73 位，在独联体国家中仅次于俄罗斯与白俄罗斯。同年的全球竞争力指数位居 61 位，居民的文明程度在 177 个国家当中名列 14 位。[②] 2008 年的教育发展指数在亚洲国家中名列第一。2009 年全民教育发展指数在 129 个国家当中排名第一。2010

---

①　С.Ирсалиев，А.Култуманова，Э.Тулеков，《Национальный доклад о состоянии и развитии системы образования Республики Казахстан》2016 год，Астана：АО 《Информационно-аналитический центр》，2017，стр.11-12.

②　Дамитов Б.К.，Ермеков Н.Т.，《Национальный доклад о состоянии и развитии образования в Республике Казахстан》（краткая версия），Астана：Министерство образования и науки Республики Казахстан，2008год，стр.5.

年 3 月 11 日，哈萨克斯坦成为欧洲"博洛尼亚进程"第 47 个签约国、中亚第一个进入欧洲高等教育区体系的国家。2015 年哈萨克斯坦进入高速发展国家行列，世界经济排行榜在 188 个国家中排列 56 位。在世界经济论坛《2015—2016 年全球竞争力报告》的排行榜中，哈萨克斯坦在 140 个国家和地区的全球竞争力排行中位列第 42 位。① 出于对良好教育成就的高度信任和对加强合作关系表现出的积极态度，2017 年 5 月哈萨克斯坦被正式邀请成为经济合作与发展组织教育政策委员会成员国。

二、成为中亚第一个进入欧洲高等教育区体系的国家

2006 年，哈萨克斯坦明确提出了以"博洛尼亚进程"为高等教育改革目标的战略，并坚持以"博洛尼亚进程"为改革导向进行教育变革。哈萨克斯坦政府首先根据"博洛尼亚"原则来修改本国的教育计划，并签署了"关于承认欧洲地区高等教育资格的里斯本公约"。从 2004 年起，哈萨克斯坦开始实施"本硕博"（PHD）三级人才培养制度。为了让哈萨克斯坦的教育体制和学位在国际教育范围中被认可，该国效仿发达的西方国家实行了学分制。2007 年颁布的《教育法》是为哈萨克斯坦加入博洛尼亚进程而出台的基础法，目的是使教育更好地为本国的经济发展培养高科技、高技能、高素质的复合型人才，保障教育的国际竞争力。经过几年的努力，2010 年 3 月，哈萨克斯坦作为中亚第一个国家，正式成为"博洛尼亚进程"签约国，30 所高校已签署《欧洲地区高等教育资格认证公约》，毕业生的毕业证书和成绩都将获得其他签约国家承认。2012 年 9 月，哈萨克斯坦成为欧洲高等教育保障注册协会成员。② 为保证"博洛尼亚进程"在哈萨克斯坦各项高等教育改革目标的实现，其政府批准了

① *Государственная программа развития образования и науки Республики Казахстан на 2016-2019 годы.* утверждена Указом Президента Республики Казахстан от1марта 2016года №205，https：//online.zakon.kz/document/? doc_id=32372771.

② 马新英、程良法：《哈萨克斯坦"2011—2020 年国家教育发展纲要"中高等教育改革解读》，《俄罗斯中亚东欧市场》2013 年第 2 期。

《2011—2020 年国家教育发展纲要》。该《纲要》中明确制定了高校教师劳动报酬和人才培养的新方案。为了增强高校之间的竞争力，政府更加重视加强企业与教育机构的合作。"博洛尼亚进程"对推动哈萨克斯坦高等教育现代化起到了不可估量的作用。

三、国家教育投入持续上升

教育投资的主要来源是国家。公共教育支出不仅是国家预算的优先事项之一，也被视为国家对人力资本质量投资的一个重要指标。自 1991 年起，哈萨克斯坦每年对教育的平均投入不低于国家 GDP 的 3.8%。2001—2016 年，中等教育的年度支出是其他教育水平的两倍多，[①] 比过去 16 年的学前教育支出增加了 54 倍，是中等教育的 12 倍，技术与职业教育的 36 倍，高等教育的 20 倍。1996—2016 年，哈萨克斯坦居民的现金支出稳步增长并已提高 18 倍多，2016 年的居民教育支出占人口总支出的 3.3%。

按照国家教育财政的国际范例，教育拨款额度不低于国家支出的 15%—20% 和 / 或国内生产总值的 4%—6%。根据联合国教科文组织 2015 年的统计，教育投入的世界平均水平为教育支出占国家总支出的 14.1% 和 GDP 的 4.7%。[②] 哈萨克斯坦 2017 年的国家教育投入总额是 1843243 百万坚戈，教育占比为 14.8%，GDP 占比为 3.5%。人口总支出中的教育占比有所下降（3.14%），其中城市的 3.35%，农村的 2.71%。2017 年，全部教育投入的近一半（48.7%）用于学前教育和高等教育支出，居民的中等职业教育投入有明显减少趋势。

---

① С.Ирсалиев，А.Култуманова，Э.Тулеков，《*Национальный доклад о состоянии и развитии системы образования Республики Казахстан*》*2016 год*，Астана：АО 《Информационно-аналитический центр》，2017，стр.15.

② Е.Нурланов，М.Аманғазы，Г.Ногайбаева，*Национальный доклад о состоянии и развитии системы образования Республики Казахстан*（*по итогам 2017 года*），Астана：АО 《ИАЦ》，2018，стр.36-40.

四、逐步实施"三语政策"

哈萨克语、俄语和英语这三门语言在哈萨克斯坦的发展及地位变化构成了哈萨克斯坦独特的语言图景，成为研究哈萨克斯坦语言政策的一项重要内容。纳扎尔巴耶夫总统于 2004 年首次提及"三语政策"这一构想。2006 年 10 月召开的哈萨克斯坦第十二届国民大会上，纳扎尔巴耶夫总统再一次明确提出掌握至少三门语言对孩子未来发展的重要性。2007 年的国情咨文《新世界中的新哈萨克斯坦》中，纳扎尔巴耶夫提议开始逐步实施"三语政策"。[①] "三语政策"的实质是力争使每个哈萨克斯坦公民掌握三门语言，最终目的是促进哈萨克斯坦的经济发展，提高国家竞争力和顺利融入全球化。在哈萨克斯坦的当前发展阶段，"三语政策"体现了多元文化教育空间的特点，确定了国家语言政策新的形式，促进了民众创造潜能的发挥及社会积极融入世界的步伐。

作为"三语政策"核心组成部分的国语（哈萨克语）起着团结社会、精神复兴的作用。俄语在促进社会各民族团结、科技发展、培养人才、文化交流、双边关系等方面发挥着重要作用。外语，特别是英语在推进哈萨克斯坦的全球化进程、塑造国际形象等方面的作用很大，特别是在加入"博洛尼亚进程"以后，英语便具有更加现实的意义。实施"三语政策"的关键是如何正确有效地开展三语教育，而开展三语教育必须要符合哈萨克斯坦的教育状况并保证新旧教育体系的衔接。为了加快"三语政策"的实施进程，哈萨克斯坦政府出台了《2001—2010 年语言使用及发展国家纲要》和《2011—2020 年语言使用及发展国家纲要》等一系列法规文件，政府部门采取了各种措施以优化学习语言的环境，还加大资金投入力度以促进语言的发展。

---

① 田成鹏、海力古丽·尼牙孜：《哈萨克斯坦"三语政策"及其影响分析》，《新疆大学学报》2015 年第 1 期。

第三节　哈萨克斯坦教育发展的不足与制约因素

今天的哈萨克斯坦已经成为一个中等收入和经济快速增长的国家。在当前政治多极化、生活信息化、经济发展全球化正强烈冲击着社会各个领域的时代背景下，哈萨克斯坦教育作为国家强大的根基，也正接受着时代变迁的影响。虽然哈萨克斯坦取得的教育成就是有目共睹的，但依然存在很多尚未达标和有待解决的问题。

一、教育机会和教育公平方面

（一）哈萨克斯坦学前教育机构中的小教中心规模在减少

2017 年，在 9828 所学前教育机构中，5608 所是儿童乐园，4220所是小教中心。从儿童人数来看，儿童乐园有 70.73 万人，小教中心是 15.49 万人。小教中心的学生数量占总数的 18%，而且大多数小教中心都在农村（3401 所）。虽然全天制的幼儿园数量在增长（占总量的88.8%），但其中的小教中心比例在减少，仅在 2015—2017 年间就减少了373 所。① 虽然 3—6 岁儿童的学前教育覆盖率达到了 90.5%，但 1—3 岁的儿童只有 28.2%，在这一指标上哈萨克斯坦低于欧盟国家（34.4%）的水平。

（二）普通中等教育阶段的小规模学校依然存在

哈萨克斯坦大部分小规模学校位于农村，占公立全日制普通教育学校的 42%，学生人数（204121 人）占全国的 8%。② 虽然小规模学校能帮助解决哈萨克斯坦复杂的社会经济问题，改善农村儿童因就近没有学校而

---

① Е.Нурланов, М.Аманғазы, Г.Ногайбаева, *Национальный доклад о состоянии и развитии системы образования Республики Казахстан（по итогам 2017 года）*, Астана：АО «ИАЦ», 2018, стр.64.

② Е.Нурланов, М.Аманғазы, Г.Ногайбаева, *Национальный доклад о состоянии и развитии системы образования Республики Казахстан（по итогам 2017 года）*, Астана：АО «ИАЦ», 2018, стр.75.

无法接受教育的问题，但由于小规模学校的质量低于全国平均水平，教育部每年都将关闭一部分小规模学校。尽管如此，2017 年哈萨克斯坦依然有近 3000 所小规模学校正在运营（小学 618 所，初中 821 所，高中 1505 所）。

（三）技术和职业教育因不被看好致使学生数量大幅下降

根据联合国教科文组织的数据报告，哈萨克斯坦 15—24 岁年轻人接受技术和职业教育的覆盖率（14.66%）低于经合组织成员国（18%）的水平，[1] 每年只有 30% 的 9 年级和 11 年级毕业生将选择在职业学校继续学习。[2]2016 年的调查结果显示，只有 22% 的哈萨克斯坦居民认为工人职业是有前途的，而在欧盟成员国中 71% 的人非常看好这一职业。[3]

（四）大学教育覆盖率较低，选择技术类专业的大学生较少

2017—2018 年世界经济论坛全球竞争力指数结果显示，哈萨克斯坦的第三级教育覆盖率只有 46.3%，排名 63 位（平均值为 76.5%）。[4] 在实现三个现代化条件下，哈萨克斯坦需要大量的技术专业人才，但是 2017 年只有 21.5% 的大学生选择了学习技术类专业。此外，与发达国家相比，哈萨克斯坦的三级人才培养制度（本硕博）覆盖率较低，只占总数的 46.3%。

① М.Атанаева，М.Аманғазы，Г.Ногайбаева，*Национальный доклад о состоянии и развитии системы образования Республики Казахстан*（*по итогам 2018 года*），Нур-Султан：Министерство образования и науки Республики Казахстан，АО «Информационно-аналитический центр»，2019，стр.96.

② Е.Нурланов，М.Аманғазы，Г.Ногайбаева，*Национальный доклад о состоянии и развитии системы образования Республики Казахстан*（*по итогам 2017 года*），Астана：АО «ИАЦ»，2018，стр.87.

③ *Государственная программа развития образования и науки Республики Казахстан на 2016-2019 годы*. утверждена Указом Президента Республики Казахстан от1марта 2016года №205，стр.11.https：//online.zakon.kz/document/？doc_id=32372771.

④ Е.Нурланов，М.Аманғазы，Г.Ногайбаева，*Национальный доклад о состоянии и развитии системы образования Республики Казахстан*（*по итогам 2017 года*），Астана：АО «ИАЦ»，2018，стр.97-106.

二、教育条件和环境方面

（一）学前教育网络的快速发展使后勤供应得不到保障

学前教育网络的快速发展满足了居民需求，但因为速度过快而无法保障后勤供应。农村学校的问题比城市严重，其中最突出的是下水道和热水供应、供暖系统问题。① 此外，包容性教育条件不足，全共和国只有9%的幼儿园具备包容性教育能力。

（二）中等教育学校的基础设施不足或具有安全隐患

2015—2016学年，在哈萨克斯坦的7160所全日制普通教育学校中只有30.7%可以在符合安全要求的校舍里实施教育活动，18.6%没有体育馆。按照《哈萨克斯坦2011—2020国家教育发展战略》要求，计划在2017年在普通中等教育阶段全面消除三班制教学和有危险学校，但实际上还有1.8%学校实施三班制教学，0.6%学校存在事故隐患。② 由于教师水平低，物质技术保障不合格等原因，城市和农村现有的很多小规模学校出现过教育质量问题。在2015年的共和国统考中，此类学校的平均分低于共和国水平4.45分，因此关闭了147所小规模学校。虽然大部分小规模学校都有互联网，但是只有其中一半有4G网络。农村1/5的学校没有体育馆。在所有的学校体育馆中只有62.7%具备标准的健身器材和设备。全国学校86%的学生能够使用健康的饮用水。在孤儿和无看护人的儿童群体中，18%是失去双亲的孤儿，在校孤儿的身心健康让人担忧。③

---

① Е.Нурланов，М.Аманғазы，Г.Ногайбаева，*Национальный доклад о состоянии и развитии системы образования Республики Казахстан（по итогам 2017 года）*，Астана：АО «ИАЦ»，2018，стр.114.

② Е.Нурланов，М.Аманғазы，Г.Ногайбаева，*Национальный доклад о состоянии и развитии системы образования Республики Казахстан（по итогам 2017 года）*，Астана：АО «ИАЦ»，2018，стр.125-130.

③ Приказ Министра образования и науки Республики Казахстан от 29 декабря 2016 № 729. *Стратегический план Министерства образования и науки Республики Казахстан на 2017-2021годы.*，стр.7-8.http：//www.kaznpu.kz/docs/urist/5_rus.pdf.

（三）职业和技术教育后勤保障不达标，农村地区的宿舍供不应求

技术和职业教育的财政保障低，占国内生产总值的 0.2%—0.3%，这一指标比发达国家低 2.5—3 倍。技术职业教育的后勤保障不达标，特别是农村地区的技术学校，21% 的异乡学生没有宿舍。接受技术职业教育的学员多数为 15—24 岁年龄段的年轻人，而哈萨克斯坦 15—28 岁年轻人当中有 8.2% 是 NEET 一族（不上学、不工作的啃老族）。由于各种不健康生活方式等原因，哈萨克斯坦 15—18 岁学生群体的视力破坏程度较高，眼疾病出现频繁。

（四）高等教育物质技术保障水平低，学生整体素质有待提高

2017 年的外地大学生数量达 20.29 万人，占总数的 41%，但其中只有 6.81 万人在住宿舍，也就是说还有 20.3% 没有宿舍可住。据《阿曼沙吾列克》（«Аман-саулык»）基金会对阿拉木图市大学生的调查发现，大部分大学生因爱吃速食品，常喝碳酸饮料，爱吃糖分高的食物等原因患有多种肠胃疾病；[①] 有三分之一的哈萨克斯坦大学生因体重过重而烦恼。高校的三语教学还未达到全面覆盖的要求，目前在 35.8 万名接受全脱产教学的大学生当中只有 5% 运用三语学习。2017 年，在哈萨克斯坦接受大学后教育的学生人数达到 19865 名，其中博士毕业生是 721 人，但是他们当中能够顺利完成毕业论文答辩的只有 245 人，占总量的 34.5%。

三、教育质量和有效性方面

（一）每年有四分之一的学前教育机构不能通过认证

对学前教育服务质量的评价是由哈萨克斯坦国家教育与科学部监督实施。一年有三次考核，标准考核在 9 月，中期考核在 1 月，最终考核在 5 月。2017 年，只有 69.3% 的学前教育机构通过了国家认证。从智力水平和技能掌握情况来看，62.1% 的 2—3 岁和 62.5% 的 5—6 岁儿童达到

[①] Е.Нурланов，М.Аманғазы，Г.Ногайбаева，*Национальный доклад о состоянии и развитии системы образования Республики Казахстан（по итогам 2017 года）*，Астана：АО «ИАЦ»，2018，стр.111-155.

了高级和中级水平。相比之下，4—5岁的考试成绩较高，2—3岁的成绩较低。①

（二）没有严格规定儿童的上学年龄所带来的分歧

哈萨克斯坦《教育法》中没有严格规定儿童的上学年龄，允许在6岁或7岁上学，这在其他国家是不常见的。因此，在全球竞争力指数、人力资本指数、人力发展指数和教育发展指数中的哈萨克斯坦小学教育普及率指标出现了不相称的情况，从统计学角度对此类儿童统计数据产生了方法论上的分歧。②

（三）技术和职业教育毕业生业务技能不被认可

对全国企业的调查发现，目前哈萨克斯坦对技术和职业教育专家和工人技能的需求量达73%，但因为不符合劳动力市场需求的工人资格，每年大约有2万个职位空缺。在2017年，哈萨克斯坦477所公立中职学院中，只有34所通过了国家认证，占总数的7%。业务部门和教育机构的合作不密切等原因导致50%—60%企业主认为毕业生业务技能不合格。

（四）大学毕业生所学知识无法满足企业主的需求

公费大学毕业生的当年就业率是《2016—2019年哈萨克斯坦共和国国家教育与科学发展纲要》所要达到的重要指标之一。2017年，该指标达到86.7%，37428名大学生得到就业。然而，大部分企业主认为，2017年在《2015—2019年国家工业创新发展计划》框架内培养出来的毕业生只有42.5%掌握了足够的理论与实践技能，其他人水平无法满足要求。

---

① Е.Нурланов，М.Аманғазы，Г.Ногайбаева，*Национальный доклад о состоянии и развитии системы образования Республики Казахстан* (*по итогам 2017 года*)，Астана：АО «ИАЦ»，2018，стр.170-207.

② С.Ирсалиев，А.Култуманова，Э.Тулеков，«*Национальный доклад о состоянии и развитии системы образования Республики Казахстан*» *2016 год*，Астана：АО «Информационно-аналитический центр»，2017，стр.52.

四、教师队伍建设方面

（一）学前教育阶段的教师专业化水平低

根据 2015 年的评估结果，除了 560 所各方面合格的学校外，还有 145 所学前教育机构因师资队伍质量低下而没有通过考核。在哈萨克斯坦，学前教育专业毕业的教师比较缺乏，全国有三分之一的教师掌握学前教育技能。学前教育阶段年轻教师较多，平均年龄是 34.6 岁。[1]2016 年，40 岁以下的教师占总数的 60%，其中一半年龄低于 30 岁。有 55.3% 的教师（多数为工作时间不长的年轻教师）没有职称，97.4% 的学前教育教师是女性。学前教育师资队伍的外流十分严重，占总人数的 28.5%。

（二）中等普通教育系统缺乏专业教师和高学位教师

在中等普通教育系统工作的教师达 285996 名，其中 80.3% 为女教师。[2] 从数量来看，目前最缺乏的是掌握特殊教育教学方法的专业教师，熟练掌握电子设备技术的和能用英语进行自然科学课程教学的教师。从学位上看，有高级和一级职称的占总数的 49.8%，有硕士学位的只占 0.6%（2016 年）。[3] 从教师长远规划来看，还未制定中小学教师的专业化和个性化发展机制，未明确专门的职业标准或职业技能发展模式。此外，还未制定出能够提高中小学教师社会地位，吸引专业性强、具备创新能力的年轻人的有效措施。教师工资虽然每年都在增长（月平均工资是 114445 坚戈），但依然比全国平均水平低 32%。[4]

---

① E.Нурланов, М.Аманғазы, Г.Ногайбаева, *Национальный доклад о состоянии и развитии системы образования Республики Казахстан (по итогам 2017 года)*, Астана: АО «ИАЦ», 2018, стр.210.

② E.Нурланов, М.Аманғазы, Г.Ногайбаева, *Национальный доклад о состоянии и развитии системы образования Республики Казахстан (по итогам 2017 года)*, Астана: АО «ИАЦ», 2018, стр.221

③ *Государственная программа развития образования и науки Республики Казахстан на 2016-2019 годы*. утверждена Указом Президента Республики Казахстан от1марта 2016года №205, стр.9.https: //online.zakon.kz/document/? doc_id=32372771.

④ E.Нурланов, М.Аманғазы, Г.Ногайбаева, *Национальный доклад о состоянии и развитии системы образования Республики Казахстан (по итогам 2017 года)*, Астана: АО «ИАЦ», 2018, стр.211

（三）技术和职业教育系统的工程教学人员缺乏

2017年的技术和职业教师达42192人。因职业技术学校工资低、社会地位不高、培训机制不明确等原因，近三年减少了2290名生产教学师傅，占总量的13%，[①] 能够拉动专业需求的工程教学人员缺乏。因职业学校的工资很低，每年有3000多名教师调到生产部门工作。[②]55岁以上或到退休年龄的工程师范教师增长3.5%，25—54岁的教师和生产教学师傅比例在下降。

（四）高等教育系统的教师教学负担重

哈萨克斯坦2017年的高等教育教师总人数达到38212人，师生比例为1∶7，女教师占总数的64%。[③] 虽然国家投入大量资金提高大学教师的工资（136662坚戈），但只占全国平均工资的91%，其中初级职称的年轻教师工资最低，所以外流情况严重。大学教师一年的课时量标准为800学时。因为教学负担太重，他们没有时间去做学术研究和参加社会活动。虽然已有的3.8万名高校教师熟练掌握了外语，但是能用三语授课的只占其中的10%。

第四节　哈萨克斯坦教育改革趋势

在新独立的后苏联国家中，哈萨克斯坦算是较为成功的案例。在总统纳扎尔巴耶夫发表的《哈萨克斯坦—2050》国情咨文中提到，预计在

① С.Ирсалиев，А.Култуманова，Э.Тулеков，«*Национальный доклад о состоянии и развитии системы образования Республики Казахстан*» *2016 год*，Астана：АО «Информационно-аналитический центр»，2017，стр.232.

② Приказ Министра образования и науки Республики Казахстан от 29 декабря 2016 № 729. *Стратегический план Министерства образования и науки Республики Казахстан на 2017-2021годы.*，стр.11.http://www.kaznpu.kz/docs/urist/5_rus.pdf.

③ Е.Нурланов，М.Аманғазы，Г.Ногайбаева，*Национальный доклад о состоянии и развитии системы образования Республики Казахстан（по итогам 2017 года）*，Астана：АО «ИАЦ»，2018，стр.212.

2012 年哈萨克斯坦将跨入 GDP 规模全球 50 强。实际上，该国在竞争力排名上已经位居世界第 51 位。据此国情咨文，哈萨克斯坦总统纳扎尔巴耶夫在 1997 年国情咨文中提出的发展目标已经"提前完成"。今天的哈萨克斯坦已经成为一个中等收入和经济快速增长的国家。[①] 该《战略》提出的具体目标是：在强大国家、发达经济和全员劳动潜力的基础上，2050 年要跻身世界发达国家 30 强。这一目标的实现要依靠人力资本的发展，而教育在其中将起到关键性作用。

教育的发展要根据当下的发展形势进行不断创新和完善。在充分分析哈萨克斯坦目前的各教育层面发展现状与问题的基础上，国家出台了《哈萨克斯坦 2016—2019 年教育科学发展国家战略》和《哈萨克斯坦教育与科学部 2017—2021 战略》，并对哈萨克斯坦今后几年的教育改革指引了方向。

一、学前教育

哈萨克斯坦学前教育以确保平等获得高质量的学前教育为目标，提高接受学前教育的 3—6 岁儿童比例和更新教育内容为主要改革方向。具体任务包括：

1. 改善学前教育阶段的师资队伍质量，提高师范专业的社会地位。在 2020 年前，将持有高等教育和职业技术教育文凭的学前教师占比达到 50%。增加公费的师范类人才培养名额，对选择《学前教育专业》的大学生和职业学校学生增加国家教育奖学金的发放数量（2015 年职业学校 1805 个，大学 295 个名额；2019 年将增加到职业学校 2200 个，大学 350 个名额）。利用预算内资金给 7000 名学前教育教师进行技能培训。

2. 扩大学前教育机构网络，更新学前教育教学内容，为小学输送高质量儿童。为了让所有低保家庭的孩子都能得到学前教育机会，利用地方

---

① 　赵常庆：《哈萨克斯坦的 2030/2050 战略——兼论哈萨克斯坦的跨越发展》，《新疆师范大学学报》2013 年第 3 期。

预算资金和公私伙伴关系机制（механизм ГЧП）扩大学前教育网络，到 2020 年新增 18.63 万个学额。从 2016 年起，开始实施符合 1—3 岁儿童早期发展需求的新学前教育国家教育标准和改革后的学前普通教育典型大纲以及学前培训教育大纲。根据儿童的兴趣爱好，制定多样化的教学大纲，充分利用各种多媒体设备。从 2017 年起，针对每一个儿童的发展特征，制定独立的成长履历表。在所有的学前教育机构逐步进行学习哈萨克语、俄语和英语的教学大纲。继续制定和实施教学法的工作，包括针对有特殊教育需要儿童的 8 类违法行为特别方案。从 2019—2020 学年起，将 6 岁的学前班儿童转入 12 年制基础教育的一年级。

3. 完善学前教育的管理和监督机制。为了确保所提供的教育服务符合国家普通教育标准要求，每年有 20% 的学前教育机构将接受国家认证程序。为了掌握最新的管理知识，每年让 20% 的幼儿园管理人员参加技能培训，加强幼儿园领导的创新管理能力。培养学龄前儿童的营养文化，促进均衡的健康饮食，确保自然和新鲜的食品保障。

二、中等教育

中等教育以确保平等获得高质量中等教育，培养智力、体力和精神上健康的成功公民为目标，提高学习质量，增加学习成绩为"良好"和"优秀"的学生比例为主要目的。具体任务包括：

1. 提高教师的职业地位和师资队伍质量。加强对教师的要求，将自我教育和自我完善变成教师活动必不可少的组成部分。2019 年起，教师的技能培训课程（包括远程技术的使用）将根据教育当局批准的教育方案进行。对师范类干部独立认证的过渡问题研究始于 2019 年，每年让 20% 的中学管理人员参加技能培训。哈萨克斯坦中学教师将参加 TALIS 研究，根据研究结果提出改善师资队伍质量的建议。将制定教师职业标准，并对师范类专业的录取机制进行审查。从 2017—2018 学年开始，承担 4 个自然数学教师专业培养任务的 15 所基础性大学向英语教学过渡，并为高等教育机构制定英语教学大纲、教科书和教学方法论。在为学校挑选教师时，将更多地利用"教育硕士"学位获得者。

2. 确保中等教育的基础设施发展。利用共和国和地方预算资金和国企合作机制建造新学校，到 2020 年完全消除危房学校和三班制教学。通过国企合作机制实现学校教育的信息化和信息技术教学。不管是城市还是农村，实现教育平等，加快教育现代化的步伐。通过实施经合组织标准，实现教育系统的国际一体化。到 2020 年，哈萨克斯坦共和国法律规定的特殊类别的儿童将获得免费的营养补充，将为有特殊教育需要的儿童提供包容性教育环境；重视中学生的心理疏导，扩大心理咨询室数量。

3. 更新中等教育内容。将在 2016 年批准的初中和高中的国家教育标准新内容以国际标准而定。教学大纲将包括 STEM 元素（促进新技术、科学创新、数学模拟的发展）。12 年制义务教育将以预期成绩为基础衡量学生的业绩。预期成果的表述将有助于客观评估学生的学习成绩，确定每个学生的个人发展轨迹，同时考虑到每个学生的个人情况，提高他们的学习技能和技能动机，提升教育过程的质量。将对普通学校实行 5 天教育周的问题进行研究。为了在学生当中形成"永远的家乡"全民爱国思想精神道德价值观，在初中和高中的新国家教育标准中制定教学计划，将在普通教育学校的教学过程中制定和实施"哈萨克斯坦身份"的教学计划。教育政策的目的是减少教育质量方面的区域差距。从 2017 年起，在世界银行贷款的框架内开始实施"哈萨克斯坦共和国中等教育现代化"项目，支持提高教育质量和减少教育中的不平等现象。该项目旨在支持向 12 年制教育过渡，包括改善学校的物质和技术基础，制定基础性教科书的要求。实施多层次的教科书质量鉴定，提高教科书质量鉴定专家的水平；实施监测和评价新的中等教育内容，使其符合世界先进教育系统的标准。在 2017—2018 学年，从 5 年级开始分阶段实施三种语言教育。在哈萨克斯坦学校发展"三语教育"将根据 33 所天才儿童试点学校，20 所纳扎尔巴耶夫知识学校和 30 所哈萨克—土耳其实科中学的经验而进行。高中四个科目（信息、物理、化学和生物）的英语版本要根据外国教科书进行改编；对 5—11 年级学生开办暑期语言学校的问题进行研究。从 2018 年起，将根据地方执行部门的情况开办英语试点班。为了解决小规模学校的问题，继续组织接送儿童。所有参与教育进程的人都将有平等机会获得公开的教育资源和技术，并为建立网络环境创造条件。哈萨克斯坦将继续参与国际研究 TIMPS、PIRLS、PISA。

4. 培养爱国思想和健康生活习惯。中等教育的目的是要加强道德价值观、民族文化传统和世代相传，培养个性，能够为祖国承担责任。学校将为巩固哈萨克斯坦人民的国家意识作出贡献，培养爱国情感，促进开放和友好的公民意识的形成。所有强制性标准和课程都将包括有助于培养个人精神、道德和智力素质的内容。宣传和促进哈萨克斯坦价值观的学校物品，包括在教科书和教学手册上发表的文章，都要予以制定和批准。将加强补充教育教师的培训方案，补充教育组织网将从地方预算和国企合作机制中发展起来。到 2020 年，将在国企合作框架内加紧开展全国范围的补充教育体制建设工作。共和国普通教育学校中的小组和班级数量将增加，使儿童接受补充教育的比例提高到 70%。

5. 完善中等教育的管理和监督机制。以成果为依据提供财政拨款，将成为中等教育公共支出管理改革的组成部分。到 2020 年，每个学校都将按照试验学校的模式，以人头计算的拨款机制建立监护委员会。将继续进行一年四次的在线公共听证会（公开报告），所有家长、各地州以及阿斯塔纳市和阿拉木图市的地方执行机构代表要参加。为了掌握最新管理模式，不断更新技能培训教育方案，每年将有 20% 的普通中等教育管理人员参加这一课程。将通过实施中等教育机构按服务质量等级排列的制度，对学校进行认证。学校将根据标准来评价四个层次，即模范、优秀、需要改进和低级。为了鼓励中等教育组织提高教育质量和效率，将制订奖励成功学校的制度。将改进学校自我评估程序，到 2020 年，自我评估结果与国家监督相匹配的学校要达到 40%。地方执行机构要加快进行为孤儿和无父母照料的儿童提供家庭照料、监护、寄养和收养服务等工作。

三、技术和职业教育

技术和职业教育以通过教育给青年人融入社会经济生活创造条件为目标，提高公费毕业生在毕业后第一年就能就业的比例为努力方向。具体任务包括：

1. 提高技术和职业教育的职业声望。通过广泛宣传和创造工作中的劳动者形象，进一步推动当工人的积极性。每年将举办共和国"职业强手"竞赛，参加者包括学生、生产培训人员和专业教师。还要组织地区和国家级的哈萨克斯坦世界技能锦标赛（WorldSkills Kazakhstan），获胜者将参加国际技能世锦赛。在大众媒体上广泛宣传技术和职业教育声望。到2020年，适龄青年接受技术和职业教育的比例将提高到18%。

2. 保障技术和职业教育机会和人才培训质量。为了满足青年学生的职业教育需求，增加学生数量，以扩大国家预算资金和国企合作的方式创建更多的技术和职业教育机构。对教育机构的组织和法律形式进行改革，扩大教育机构提供的有偿服务范围。随着教育机构组织形式和法律形式的改变，将考虑通过采用独立和透明的会计制度来实现财政自主权。将在现有教育机构的基础上，与世界先进国家合作建立培训中心。这些培训中心将采纳霍尔登国家教育科学院（НАО Холдинг «Кәсіпқор»）的经验，以国际要求实施教学大纲，提高工程教育工作者的技能，根据先进技术更新物质技术基础。从2017年起，将为所有愿意获得工人技能资格的学生提供免费的技术和职业教育机会。没有工人技能的所有9年级和11年级毕业生，只要愿意就可以在职业学校获得免费的工人一级技能培训，工人专业的学习者人数将增加到40%。所有未就业的年轻人在2020年就业路线图框架内，通过企业主的资助，能够在教学中心和职业学校获得职业培训。到2020年，为有特殊教育需要的学生创造平等条件和无障碍入学机会的学校比例将达到40%。技术职业教育机构的生产车间、实验室和特殊学科办公室提供设备和改进将由预算资金、雇主经费、社会伙伴资金以及世界银行贷款等方式提供资助。为了学习更新知识和先进技术，利用社会伙伴资金给专业教师和生产培训技师组织企业实习。将继续研究技术、职业和中学后教育系统的人均筹资问题。为了提高培训质量和使教育方案符合国际标准，从 2020 年起，对技术和职业教育机构实行国际认证。

3. 按照国家工业创新发展的需要，改革技术和职业教育内容。将根据国际技能要求和劳工市场的需求，对国家资格框架进行审查。为了做到这一点，将根据资格水平的连续性，制定一个全国职业分类明细单（Национальный классификатор профессий）。根据技术和职业教育的国际分类标准要求和雇主要求，引入新专业。将努力完善涵盖国家优先经济部门的专业标准，包括《2015—2019 国家工业创新发展纲要》中优先考虑的专业。职业标准将由雇主协会制定，并得到全国工商会的批准。技术和职业教育国家标准的灵活性使中学后教育机构能够根据雇主的要求修改工作计划的内容，实行模块化的、信贷的和双元制的教学。将根据专业标准修订和更新技术和职业教育方案。引入这些教育计划将为每一个学生独立的培训路径和提高其在劳动市场的专业能力提供机会，有助于技术职业教育、中学后教育和高等教育水平的整合。符合国际要求和技术职业教育职业标准的教育大纲由霍尔登国家教育科学院制定。2020 年前，根据职业标准制定的技术职业教育方案中的专业比例将达到 58%。职业学校以应用型学士学位方向培养高技术经济领域的熟练干部，其教学大纲应增加具体技能的实践部分。作为双元制教学的参与者（教育机构、企业、学生、导师、地方执行机构和其他），主要职能用双元制教学组织章程协调。重视国家、区域和部门委员会之间的协作，加强与全国工商会的联系，以吸引更多的企业参与双元制教学。将根据教育机构和企业之间签署的协议和备忘录提供实习机会，促进毕业生就业。到 2020 年，实行双元制教学大纲的中职学院比例将达到 80%。

4. 加强"永远的家乡"全民爱国思想的精神道德价值观以及健康生活文化。进一步完善国家青年政策的规范性法律保障，实施国家青年政策规划对培养年轻人的爱国思想起到重要作用。在技术和职业教育机构创办青年委员会，将学生纳入社会活动，发展爱国主义和社会责任，促进健康的生活方式，加强自我管理能力的培养。让学生积极参与各种志愿者活动。每年举办培养爱国主义思想，加强哈萨克斯坦身份和统一性的活动。教育机构将开办志愿者学校，为儿童之家、肿瘤医院和残疾人之家、伟大卫国战争老兵提供援助。举办"最佳志愿者"竞赛。让技术和职业教育机构的学生积极参与劳动部门组织的"绿色国家"活动。到 2020 年，参与社会公益活动的学生比例要达到 60%。以国家的力量促进年轻人养成健康的生活方式。加快体育部门发展，到 2020 年，参加体育课程的学生比例要达到 70%。将努力促进健康和高质量的营养，培养学生的营养文化，引导他们养成自然和新鲜产品消费的习惯。

5. 完善技术和职业教育发展的管理与监督。在整个技术和职业教育机构范围内传播霍尔登国家教育科学院的经验。技术和职业教育机构的领导通过预算外资金进行职业深造。多组织年轻工程教师的技能竞赛，让他们参加共和国"优秀教师"竞赛。

四、高等和大学后教育

高等教育以确保经济部门拥有具有大学和大学后教育竞争力的人才，实现教育、科学和创新一体化为目标，提高公费毕业生在完成学业后的第一年就能获得就业的比例，增加进入 QS-WUR 排行榜的哈萨克斯坦大学数量为努力方向。具体任务包括：

1. 保障具有竞争能力的人才培养质量。将根据劳动力市场的需要，制定具有高等教育的国家教育订单数额。从 2017 年起，国家教育订单的数量将企业主联合会根据国家和部门计划的需要来确定，包括工业地图、生产力分布图、2020 年地区发展规划，农业用地最佳利用区域专业化计划，以生产特定的农产品等。这将保障对大学毕业生的需求，从而能确保所有经济部门都有合格的人才。为了实施高素质干部培训和创新教育活动，给 11 所基础大学分配培养专业硕士的公费教育名额，以满足《2015—2019 年国家工业创新发展纲要》（ГПИИР）所提到的优先发展企业需求。创造学习创新技术的现代教育环境，与外国合作大学一起制定新的面向实践的教育计划，通过公私伙伴关系和长期租赁机制给实验室配备现代化设备。这 11 所基础大学的师资队伍将进行国家工业创新发展重点领域的进修和实习。在借鉴他们经验的基础上，将扩大到全国所有大学。从 2016 年起，高校要与主要的外国合作机构一起制定教育计划；在优先经济部门进行竞争性研究，以建立高技术和知识密集型产业；加强与合作伙伴大学和国外科学中心的合作。增加公费硕士和博士学位名额，其中包括纳扎尔巴耶夫大学。为了确保中等教育教学大纲的改革，国家将增加硕士学位中学教师培养的师范类专业公费名额。在师范教育现代化框架内，将制定招收师范专业的新标准，即，在进入高等教育机构学习师范专业时要进行一次特别考试，以确定学生是否愿意从事教学活动。从 2017 年起，要研究向高等教育人均贷款机制（кредитно-подушевое финансирование）过渡的问题。在解决公费大学生经费问题上，可以吸引企业主提供学术贷款数额。攻读硕士和博士的条件是硕士有至少 1 年的实际工作经验，博士至少 3 年。2017 年起，要增强大学后教育的学术研究成分，博士培养可以通过国家和雇主合作的方式进行。将继续实施《祖国青年向工业化进军》（«Мәңгілік Ел жастары-индустрияға»）社会项目，以满足劳动力短缺地区的生产和企业需求。为了解决大学生就业问题，每年与卫生和社会发展部、文化和体育部、农业部和地方执行部门联合制定一份路线图。从 2016 年起，制定民族大学的竞争力模型；从 2017 年起，完善外国公民的有偿高等教育入学制度；进一步发展学术流动性，包括外国学生来哈萨克斯坦留学；在 2016—2019 年制定和实施英语教学大纲；定期与国外伙伴机构举办高等教育论坛。继续为有特殊教育需要的学生创造平等条件和无障碍进出环境（坡道、升降机、电梯以及信息和图书馆资源等）。进一步扩大远程教育技术，开设大规模在线课程，制定特殊教育方案和教学材料。为大学有特殊教育需要的学生培养师资队伍。到 2020 年，为这一类学生创造平等条件和无障碍入学机会的高校比例将达到 100%。2017 年至 2018 年，将通过吸引预算外投资，包括公私伙伴关系机制，建立统一的教育和科学信息系统。

2. 在全球趋势背景下，实现高等教育和大学后教育的教学内容现代化。国家授权机构和相关领域的企业主协会将继续制定和修订专业资格框架。根据这些准则，雇主协会将制定专业标准，并由全国工商会批准。高等院校将根据这些专业标准制定教育方案。到 2019 年，45% 的高等教育和大学后教育大纲将以专业标准资格为基础。满足雇主的需求是大学毕业生必备的条件。因此，反映劳动力市场所需的创新生产技术和技能的一些新学科将被纳入学士学位课程中去。作为本科课程的一部分，为培养创新经济人才，将实施创业教育，这意味着要让学生具备创业能力。要在发展企业经营和思维方面对教师队伍进行技能培训。从 2017 年起，将与雇主共同制定给高等教育专业人员进行独立认证的机制。到 2019 年，对教师进行独立认证，并对教育专业的学生提出参加 TOEFL、IELTS、DELF、DALF、TestDAF、DSD II 考试的要求。纳扎尔巴耶夫大学将继续根据国际标准进行人才培养。高等教育和研究生教育结构将与教科文组织 2013 年国际教育标准分类保持一致：国际教育标准分类 6 级是本科和同等学力；国际教育标准分类 7 级是硕士和同等学力；国际教育标准分类 8 级是博士和同等学力。在研究生阶段，将根据国际实践实施博士后方案，促进科学家的学术研究过程。民族高等教育机构和国际机构均按照国际认可的教育计划继续开展教育活动。将确保哈萨克斯坦高等学校按照博洛尼亚进程所建议的必要参数进行教学，包括实施学分制，学术和信贷流动性，以及学生参与制定教育方案。继续发展学术流动性，让更多的外国学生进入哈萨克斯坦大学学习。到 2020 年，在高等教育系统中的外国留学生（包括自费生）所占比例将达到 5%。通过与外国领先的大学合作，扩大哈萨克斯坦高等院校的双学位教育，确保提高国内教育大纲的质量和竞争力。从 2017 年起，将实现从高校国家鉴定向认证的全面转变，这需要建立一个包括内部质量保证和外部质量保证在内的有效教育质量保证制度。将建立内部质量保证评估机制，加强大学的有效运作责任。在扩大学术自主权的框架内，本科的选择部分将增加到 75%，硕士学位到 85%，博士学位到 95%，这就要求高等教育机构在制定教育方案方面具有自主性。

3. 为科学研究和技术成果的商业化创造条件。实现科学研究成果的商业化需要有适当的基础设施。因此，要在高等院校设立商业化办公室、技术园区、商业孵化器和其他创新性架构。通过赠款资助和公私伙伴关系，建立能使高等教育机构科学项目商业化的机制。为了加强主要业绩评估指标的问责制（KPI，Key Performance Indicators），校长将考虑大学现有的创新结构。《2015—2019 年国家工业创新发展纲要》所提的基础大学将通过大学、学术机构和企业之间的三方协议参与资助的科学项目。为了提高基础研究和应用研究的实用性，要有效利用大学的科学潜力。

4. 增强大学生"永远的家乡"爱国思想精神道德价值观以及健康生活文化。大学生的爱国教育倡议和活动将在哈萨克斯坦共和国国家青年政策《哈萨克斯坦 2020：通往未来的道路》构想和《2016—2020 年构想》第二阶段行动计划框架内继续实施。为大学生的积极发展采取一系列措施，包括让学生参与社会生活，培养生活技能，从教育到生产性就业的过渡、包容教育、在不同信仰和民族间的多样性中和谐生活的能力。在国际经验基础上，全国的大学将实行学生自治。让学生积极参与学术和研究活动，加强他们在大学管理机构中的作用。为了发展积极的公民地位，大学生们将积极参与重大国际活动的筹备工作。大学生之间的辩论活动将得到发展。每年要举办青年创作节"学生之春"，以支持创造性的青年。将通过让学生广泛参与体育活动来促进健康文化。通过公私伙伴关系，使高校体育俱乐部获得机构地位。在全国大学生联盟框架内，将与体育联合会合作，发展群众性、游戏性和青年人喜爱的体育运动。通过各种手段培养学生的营养文化，包括促进均衡的健康饮食，并确保学生的天然和新鲜食物消费。

5. 完善高等教育和高等后教育的管理和监督。为以公司管理原则（监察或保护委员会、董事会）管理大学而采取措施。吸引外国专家参与高等教育管理，以预算外资金对所有高等教育机构的管理人员进行高等教育现代管理模式的进修。将通过校长向公众提交年度报告，实行公开性和社会责任制。对校长业绩的评估将以关键的 KPI 绩效指标进行。为高等教育机构的评估成本效益制定方法，将继续分阶段吸收纳扎尔巴耶夫大学在其他大学学术和管理自主性方面的经验。采用纳扎尔巴耶夫大学经验的高校将从 2016 年开始制定相应的路线图。高等教育机构的管理人员和教师为得到学术和管理上的独立性，可利用预算外资金进行相应的进修。2017 年，按照《2015—2019 年国家工业创新发展纲要》要求承担培养人才任务的基础性大学得到自主制定具体发展方案的权利（公司、学术和财政政策）。将分阶段向通过国际认可的大学提供学术自由。大学将转变为非营利组织，包括成立公司管理机构。将针对国立大学和民族大学创办国家参与的非营利性股份公司的问题进行研究。提出关于将私立大学转变为其他组织形式和法律形式的建议。新的组织和法律形式将包括设立监督委员会、信托基金、年度公共报告和财务审计。随着大学组织法律形式的变化，要考虑实施统一和透明会计制度的独立财务。从 2016 年开始，一切利益攸关方都要开展关于向新的组织法律形式过渡的宣传运动。从 2017 年起，每年都将为高校预科部的语言技能培训拨款。2017—2020 年，将为学习英语的专业硕士（500 个）和学士（900 个）提供公费招生名额。此外，通过"博拉沙克"（«Болашак»）计划，将对 500 名中学教师和师资进行培训，还将为师资队伍的语言技能培训、英语远程教学、修改外国教科书和大学英语教学法等采取进一步措施。从 2017—2018 年起，为《2015—2019 年国家工业创新发展纲要》所提企业培养人才的任务由基础大学实施，六个专业开始用英语实施教学，制定大学英语的教科书和教学法。到 2021 年，学士学位生的英语水平将达到 C2 级，硕士生的专业课程用英语进行。

第九章　哈萨克斯坦教育的国际合作实践

在全球化时代，发展教育的国际合作不仅能扩大本国在全球化过程中的影响，而且培育出的国际人才能够作为后备力量，为本国在全球化进程中发挥作用服务。独立以后的哈萨克斯坦秉持着"多元平衡外交"战略，以保障国家安全为前提，遵循实用主义原则来实现国家利益。哈萨克斯坦已得到近140个国家的承认并与110多个国家建立了外交关系。目前以更积极、更开放、更包容的态度与世界各国建立外交合作。

第一节　哈萨克斯坦教育国际合作的政治基础

一、哈萨克斯坦的"多元平衡外交"战略

《哈萨克斯坦共和国2014—2020年外交政策构想》诠释了国家外交战略的具体内容。[①] 哈萨克斯坦"多元平衡外交"战略的基本内容包括：1. 俄罗斯是哈萨克斯坦外交中最重要的优先方向，哈萨克斯坦发展中将俄罗斯放置于优先合作的战略伙伴地位。2. 中国是哈萨克斯坦走向亚太地区，同亚太地区其他国家建立友好合作关系的战略通道。同中国建立中哈全面战略伙伴关系，深化与中国的睦邻友好合作关系是哈萨克斯坦外交政

---

① 张颜也：《哈萨克斯坦"多元平衡外交"研究》，硕士学位论文，华东师范大学，2016年。

策中重要的优先方向之一。哈萨克斯坦把发展与中亚邻国的关系置于仅次于对俄罗斯关系的重要地位，同等重要的是重视发展同中国的友好合作关系。3. 美国同哈萨克斯坦是战略伙伴关系，加强哈美关系有利于哈萨克斯坦顺利进入国际社会。哈美关系是哈外交政策中另一个重要方向，哈萨克斯坦赋予了同美国发展良好关系的优先地位。4. 同欧洲国家，特别是欧盟的合作也是哈萨克斯坦外交中一个主要战略方向。欧盟是哈萨克斯坦的合作伙伴。哈萨克斯坦同亚太地区各国的关系在独立后发展得很快，与日本、韩国以及东南亚、南亚、东北亚各国都建立了联系。

"多元平衡外交"战略为哈萨克斯坦营造了稳定的发展环境，也为哈萨克斯坦的发展创造了有利的条件。地缘因素、经济因素和文化因素是哈萨克斯坦选择"多元平衡外交"战略的原因所在。由于地缘政治因素，哈萨克斯坦与俄罗斯和中国的外交关系成为学界研究的热点。哈萨克斯坦是欧亚经济联盟的主要大国，同时又是"丝绸之路经济带"构想的重要参与国。欧亚经济联盟是俄罗斯主导的"东向"政策，"丝绸之路经济带"则是中国加快向西开放的战略选择。对于处在战略交叉点上的哈萨克斯坦而言，这两大战略正是哈萨克斯坦亟须的历史性机遇。在诸多共同利益基础上，哈萨克斯坦已成功地在欧亚经济联盟与"丝绸之路经济带"战略间架构起了合作发展的桥梁，将两大战略红利惠及哈萨克斯坦国内发展，借助中俄两大国家的力量，为自身跻身大国巩固基础。

哈萨克斯坦坚持实用主义的外交原则来拉紧与中国和美国的关系，试图为经济发展提供支撑。在经济领域，哈萨克斯坦试图向欧美靠拢，通过外交手段达到中俄与欧美之间的相对平衡。从历史的角度看，作为突厥民族中的重要成员，哈萨克族的历史发源地是突厥汗国。哈萨克人自豪地认为哈萨克草原是伟大突厥的一部分。哈萨克斯坦坚持在外交中保持中立立场是因为哈萨克斯坦是一个多种民族、多元思想的国家。这里有 140 个民族，拥有伊斯兰教、东正教、天主教、佛教等多种宗教信仰。哈萨克斯坦做到了让多种文化、各种宗教和平共处，支持各种不同文化和文明在哈萨克斯坦呈现，并且鼓励彼此间的对话。

　　自独立以来，哈萨克斯坦参与了欧洲安全与合作组织、上海合作组织、独立国家联合体等诸多重要的国际组织。在这其中，在欧洲安全与合作组织和上海合作组织中尤为鲜明地展示了其"多元平衡外交"战略。加入欧安组织并发挥积极作用不仅有利于加强哈萨克斯坦与欧美等西方国家的经济合作、深化外交关系，更为重要的是缓和中俄两国对哈萨克斯坦的巨大影响，实现各国外交势力的牵制与均衡。在上海合作组织内，哈萨克斯坦运用"多元平衡外交"政策平衡中俄之间的关系、平衡其他中亚国家的关系、平衡中俄与中亚成员国的关系，以提升它们的国际影响力。

二、哈萨克斯坦与世界各国及国际组织的外交关系

　　纳扎尔巴耶夫总统在纵观世界格局的基础上，将哈萨克斯坦优先发展的外交对象排序调整为俄罗斯、中国、中亚和独联体国家、美国、欧盟。从目前的优先外交对象来看，中国在哈萨克斯坦外交中的地位有所上升，美国在哈萨克斯坦外交中的地位相对下降。

　　受历史、文化、民族、安全和经济因素的影响，俄罗斯在哈萨克斯坦大国平衡外交政策中始终处于优先的位置。从独立到现在，双方在各领域的合作不断升级。由于在安全问题上哈萨克斯坦对俄罗斯有巨大的依赖性，再加上传统的历史、文化、民族联系，俄罗斯在哈萨克斯坦外交格局中始终居于第一位。独立初期，哈俄间的经济关系远滞后于其政治安全方面的发展。1993 年以后，哈萨克斯坦对外谋求多元化，对俄关系的自主性增强。俄罗斯逐渐意识到中亚国家对其意义重大，发展倒向西方的政策，但这并未得到相应回应。于是，俄罗斯的哈萨克斯坦政策由相对被动变为积极主动，由俄主导，两国确立了战略伙伴关系。经济方面，哈萨克斯坦引入了大量的俄罗斯资本。双方展开的经济合作带动了文化、教育等方面的合作。进入新世纪，哈萨克斯坦的综合国力不断增强，世界形势发生变化。2000 年，普京总统首次访问哈萨克斯坦，此后双方高层政治互动频繁。哈萨克斯坦也积极拓展与俄罗斯在经济领域的合作，响应俄罗斯的号召，推动经济一体化。

自独立以来，哈萨克斯坦就相当重视与中国友好关系的建立。建交初期，双方就边界问题等历史遗留问题深入展开讨论并最终达成共识，之后两国的政治、经济、安全等方面的合作全面开启。加强与中国的经贸合作，搭上中国经济发展的快车符合哈萨克斯坦的长远利益。进入 21 世纪以来，随着中国综合国力的不断提升，哈萨克斯坦更加重视与中国发展友好关系，同时一直坚持中、美、俄三者相互牵制的政策。

美国在中亚推行的战略以经济援助为主，由经济援助带动西方体制下各种机制在中亚地区的建立。以经济援助为触点，帮助中亚国家建立海关服务、商会组织等，其实就是深入到中亚国家内部，建立类似于美国的体制机制。中亚各国体制机制方面制度化以后，美国协助中亚各国加入WTO，帮助中亚国家进入国际经济贸易体系。哈萨克斯坦在美国的中亚战略中受益很多，不论是经济上的援助还是技术上的支持，美国对哈萨克斯坦都投入了大量的财政支出。

哈萨克斯坦在中亚地区高度重视地区一体化。在全球经济不景气的情况下，一体化可以拉近独联体国家与欧亚经济联盟的距离，为中亚与独联体其他国家带来更多的积极影响。自然资源带给了哈萨克斯坦外交上的实力。在资源交换中，哈萨克斯坦外交有了更多的筹码。哈萨克斯坦是能源大国，地下矿藏储量丰富且品种齐全，目前其国内已探明的矿藏有 90多种。巨大的石油量使得哈萨克斯坦成为中亚地区最大的石油生产国和出口国。世界头号"铀大国"的称号给哈萨克斯坦带来巨大的经济收益，哈萨克斯坦借助铀资源与韩国、日本等资源相对匮乏的国家建立深厚的合作关系。

第二节　哈萨克斯坦与世界各国的教育合作实践

独立初年的哈萨克斯坦教育受苏联教育体制的影响，与其他西方国家存在非常大的差异，也不被国际社会所认可，从而无法与国际接轨。如果不尽快融入国际教育空间，哈萨克斯坦的教育体系就无法得到发展和进步。自 1997 年签订《里兹本公约》进入国际教育空间以来，哈萨克斯坦同世界上许多国家在教育领域签订合作协议，并逐渐在世界高等教育的舞台占领了一席之地。2004 年确立高等教育以"博洛尼亚进程"为改革目标后，哈萨克斯坦在继续保持与俄罗斯的密切关系基础上，把目光指向西欧发达国家。在国家教育标准与世界教育标准接轨，实现国际交流与科学教育合作，创办国际大学，互认大学毕业证书等方面开展了全方位的筹备工作。政府以优惠的政策吸引国外的教育投资，设置奖学金、助学金、国际教育贷款等项目支持本国有才能的年轻人走出去共享国际优质资源。组织各高校学者同国外同行的交流，为本国学者参加国际学术会议等创造机会。国家出资在哈萨克斯坦境内创办国际性大学。哈萨克斯坦正努力利用国际经验和国际资助等促进高等教育质量的提高，吸引外国留学生和教学人员。

一、哈萨克斯坦与俄罗斯的教育合作

俄罗斯与哈萨克斯坦在地理、历史、文化等方面的优势促进了两国教育合作事业的发展。俄罗斯联邦的教育地位依然受到哈萨克斯坦的充分认可。俄哈两国以《俄罗斯联邦和哈萨克斯坦共和国之间的友好合作和互助条约》（1992 年）、《俄罗斯联邦与哈萨克斯坦共和国教育与科学合作协定》（1994 年）等文件明确了双方在文化、科学、教育、体育以及社会组织领域的合作原则。2013 年，两国总统签署的《21 世纪睦邻友好条约》将两国友谊与合作提升到一个新的高点。共同创建和管理大学是俄哈高等教育合作的主要形式之一。在哈萨克斯坦开设俄罗斯重点大学的分支机构是俄哈高等教育合作的重要形式之一，莫斯科国立大学阿斯塔纳分校就是一个成功案例。自 2001 年 9 月 1 日启动至今，该校的教学工作进行顺利，为两国培养了大批人才。该校所有教育活动费用由哈萨克斯坦方承担，包括教学过程、教师和学生的出差费用等。阿斯塔纳分校学生的一部分学习时间在莫斯科度过，他们与莫斯科国立大学的其他学生一起参加考试，进行论文答辩。莫斯科国立大学和哈萨克斯坦科学院之间还签署了有关建立联合科研机构的条约。

二、哈萨克斯坦与美国的教育合作

哈萨克斯坦因资金需求与美国愈走愈近。美国以援助为手段积极加强与哈萨克斯坦的伙伴关系，从而巩固其在中亚地区的影响力和地缘政治利益。美国通过各种国际组织和基金会项目向哈萨克斯坦高等教育机构提供大量的援助款项。通过招收一部分高中生和大学生来美国免费学习和深造、邀请一些专业人才和企业家访问美国、新建公开的互联网站、增加政府拨款额度、扩大人员和信息方面的交往等方式，不断加固与哈萨克斯坦的教育合作基础。以美国 FLEX 互换项目（FLEX Secondary Exchange Program）为例①，自 1992 年创立至 2017 年，该项目已资助 15—17 岁的 2000 多名哈萨克斯坦高年级学生。该项目经费由美国政府承担，受资者在一个学年的期限内在美国的普通教育学校学习，并住在美国家庭中深入了解美国人的生活方式与文化特色。两国在教育方面的合作不仅有资金援助、贷款、派遣留学生，美国还在哈萨克斯坦创建了多个教育培训机构。

三、哈萨克斯坦与欧盟国家的教育合作

借助欧盟教育援助计划促进本国高等教育现代化进程。欧盟将教育作为援助中亚的重要优先领域之一，并以此提高其在中亚国家的影响力，从而实现价值观输出与利益共享。TEMPUS（坦普斯计划）是"大学跨欧洲学习项目"（Trans-European mobility scheme for university studies）的简称，是欧盟针对中亚实施的一项教育援助计划。该项目的首要目标是欧盟与中亚国家在教育领域内建立合作关系，促进中亚国家高等教育现代化和教育质量提高，以此促进中亚国家进一步向国际社会开放。TEMPUS

---

① А. Н. Оспанова, Н.Камалов, *Сотрудничество Казахстана и США в сфере образования и науки*, 2017-10-10, http：//www.rusnauka.com/46_NNM_2017/ Politologia/10_232379.doc.htm.

项目在哈萨克斯坦主要致力于五个方面的目标：设置统一课程、推广"欧洲信用转移系统"（ECTS）、促进哈萨克斯坦高等教育与全球化接轨、提高学术质量、扩大高等教育对社会的影响。1995—2013 年，TEMPUS 在哈萨克斯坦共资助了 76 个项目，包括 23 个国家级项目和 53 个地区级项目，总金额超过 5400 万欧元。① 合作单位包括 46 所高校和 48 个非学术合作伙伴，合作内容包括大学管理改革，学术质量评估体系和师资培训制度建设等。TEMPUS 在哈萨克斯坦高等教育改革和发展中发挥了重要作用，促进了国家教育系统的国际化和信息化。通过 TEMPUS 对教师的培训，哈萨克斯坦院校已逐渐融入欧洲高等教育机构网络。经过与欧洲大学的双向交流，许多教师的职业素质得到大幅提升。哈萨克斯坦大学的管理改革、学术质量评估体系和师资培训制度的建立，以及许多学科都得到了 TEMPUS 研究项目的支持。

四、哈萨克斯坦与土耳其的教育合作

哈萨克斯坦以扩大影响力和增强民族认同感作为与土耳其教育合作的战略目标。共同的宗教信仰，主体民族的突厥语言背景，世俗化社会发展模式的成功经验等都成为土耳其吸引哈萨克斯坦的重要因素。文化教育合作是土耳其与中亚国家合作的主要领域。1992 年，土耳其便向哈萨克斯坦在内的中亚国家提供奖学金项目，每个国家都获得了 2000 个留学名额。与此同时，随着对外教育合作的扩大，土耳其也成为哈萨克斯坦学生向往的留学首选地。1996 年，在土耳其留学的哈萨克斯坦学生达到 1033 人（2012 年减少至 810 人）。② 哈萨克—土耳其亚萨维国际大学（Yasa Wei Kazakh Turkish International University）是 1993 年根据哈土两国政府签订的协议成立的合办大学。学校最高管理机构是政府间全权委员会，校长由哈方派出，学校预算和资产双方各占一半。学校每年为突厥语国家的学生

---

① ТЕМПУС В КАЗАХСТАНЕ，2019-11-27，http：//www.erasmusplus.kz/index.php/ru/tempus-iv/tempus-iv-v-kazakhstane.

② 王明昌：《土耳其与中亚国家关系的现状及前景》，《国际研究参考》2018 年第 5 期。

设 200 个奖学金名额。至 2012 年，土耳其方已拨款 1.5 亿美元。[①] 作为一所综合性大学，该校目前以 54 个本科生专业、30 个硕士生专业和 11 个博士生专业实施教学。2018—2019 学年的师资队伍中有 71 名博士，282 名副博士，67 名博士研究生，教师中的 5% 来自土耳其和其他国家。目前，大学共有 9200 多名学生，其中的 1380 名来自其他国家。[②] 该校是土耳其在中亚合办高校中投入最大、参与人数最多的一所，是土耳其境外文化发展战略在中亚的一个样板。

---

① 杨恕：《中亚高等教育研究》，《中亚研究》2017 年第 1 期。

② *Международный казахско-турецкий университет имени Ходжи Ахмеда Ясави превратит Туркестан в общий образовательный центр тюркского мира*，2018-12-01，http：//ayu.edu.kz/ru/about/history.

第十章 哈萨克斯坦与中国的
教育国际合作与交流

哈萨克斯坦自古就与中国在经济、文化等方面交流密切。2013 年，国家主席习近平在哈萨克斯坦提出构建"丝绸之路经济带"的倡议，双方贸易交流更加深入，文化交流日趋增多。哈萨克斯坦总统纳扎尔巴耶夫在其著作《站在 21 世纪的门槛上》提到，21 世纪人类发展的许多方面要由中国来确定，那时世界上每一个国家都会因为与中国有良好的关系而引以为荣。哈萨克斯坦积极发展对华关系正是出于这样一种战略考虑。

第一节 哈萨克斯坦与中国的教育合作政策对接

当前，在全球化与信息化正强烈冲击着政治、经济和社会各个领域的时代背景下，哈萨克斯坦教育作为国家强大的基石，也同样无可避免地接受着时代变迁的影响。中国与哈萨克斯坦自 1992 年建交，2005 年建立战略伙伴关系，2011 年宣布发展全面战略伙伴关系至今，两国高层交往频繁，政治互信不断提升。加强国际合作，尤其是与中国的合作，成为当前哈萨克斯坦教育发展的一个重要方向。

一、中哈两国在宏观层面的政策对接

（一）《哈萨克斯坦—2050》战略与"中国梦"对接

《哈萨克斯坦—2050》是一份被称作"新政治方针"的纲领性文件，

是对《哈萨克斯坦—2030》战略未竟目标的进一步深化，其中提出"在强大国家、发达经济和全员劳动潜力的基础上，使哈萨克斯坦在 2050 年跻身世界发达国家 30 强"。为达成这一目标，优先发展与邻国俄罗斯、中国、中亚国家以及美国、欧盟、亚洲国家的伙伴关系及各方面合作变得尤为重要。"一带一路"倡议是中国梦的国际表达，实现与世界人民的共赢共享是中国梦的重要内涵。

（二）"光明之路"新经济政策与"丝绸之路经济带"倡议对接

哈萨克斯坦总统纳扎尔巴耶夫于 2014 年 11 月发表的国情咨文中提出了"光明之路"新经济政策。该政策的核心是加强交通基础设施建设，实现交通、物流、通讯领域互联互通，促进国家经济发展和创造新的就业岗位，为国家未来发展注入新的增长动力。这一政策的提出恰好呼应了 2013 年习近平主席在哈萨克斯坦提出的共建"丝绸之路经济带"的倡议。两国政府于 2016 年签署了"丝绸之路经济带"建设与"光明之路"新经济政策对接合作规划。中国的"丝绸之路经济带"倡议和哈萨克斯坦的"光明之路"新经济政策相辅相成，有利于深化教育在内的全面合作。

二、中哈两国教育合作的政策基础

（一）政府层面的合作基础

以"一带一路"政策为向导，两国在教育和科学领域展开了广泛的合作，从政府层面到地区层面，乃至高校间新增多项教育合作协议。作为友好邻邦和全面战略伙伴，加强相互支持和深化全面合作是双方共同的努力方向。在遵守《中华人民共和国和哈萨克斯坦共和国睦邻友好合作条约》（2002）、《中华人民共和国和哈萨克斯坦共和国关于发展全面战略伙伴关系的联合声明》（2011）、《中华人民共和国和哈萨克斯坦共和国关于进一步深化全面战略伙伴关系的联合宣言》（2013）、《中华人民共和国和哈萨克斯坦共和国关于全面战略伙伴关系新阶段的联合宣言》（2015）、《中华人民共和国和哈萨克斯坦共和国联合声明》（2017）以及其他双边条约和协议的基础上，两国元首于 2018 年 6 月 7 日在北京签署了《中华人民共和国和哈萨克斯坦共和国联合声明》。双方为加强人文交流和民间交往，促进中外学者学术交流，继续开展教育、卫生、体育、旅游和青年领域的合作采取了一系列新措施和办法，其中，上合组织起到了重要推动作用。

（二）教育领域的合作

教育合作是"一带一路"倡议的重要组成部分。为发展教育领域的双边合作，进一步提高科研水平和效益，2003年，两国在阿斯塔纳市签订了《中国教育部和哈萨克斯坦教育科学院教育合作协议》。合作内容包括交流教育体制和教育改革方面的经验，互换教科书和教学法资料，互派本科生、教师、研究生和进修生，促进研究和推广双方国家的语言等。2006年12月20日，两国在北京签订了《中华人民共和国政府和哈萨克斯坦共和国政府关于相互承认学历和学位证书的协定》，就相互承认双方国家教育机构和授权机构根据本国法律规定所颁发的学历学位证书的程序达成一致。中哈两国在上海合作组织框架内的教育合作成果丰硕。2006年，在上海合作组织元首第六次峰会上签署的《上海合作组织成员国间教育合作协定》奠定了成员国间的教育合作法律基础。文件规定的合作任务主要包括促进教育交流、学位和学历互认等方面。2009年通过的《2009—2012年中哈教育合作协议》将两国每年对等交换人数增加至100人。[1]2011年通过签署联合公报，中国和哈萨克斯坦一致强调要在上海合作组织框架内加强教育交流与合作。

第二节　中国与哈萨克斯坦的教育合作实践

"一带一路"倡议的提出使中国与哈萨克斯坦的教育合作不断加深。两国政府和教育部门签署的多项教育合作协议，上合组织框架下的合作意向和中国政府提供的各类政府奖学金使哈萨克斯坦来华留学生队伍不断壮

---

[1]　王雪梅、海力古丽·尼牙孜：《哈萨克斯坦高等教育国际化发展研究》，《比较教育研究》2016年第8期。

大。孔子学院和高校合作平台的增加为两国民心工程输送越来越多的友谊使者和国际人才。

一、哈萨克斯坦来华留学生逐年增长

从 2000 年起，中哈两国政府开始重视教育领域的双边合作。因中国教育质量不断提升且费用较低的一贯优势，以及"一带一路"倡议推动下中国所提供的免费教育项目和两国互换奖学金项目增多等原因，近年来的哈萨克斯坦来华留学生数量逐年增加。据哈萨克斯坦国际通讯社报道，2014 年中国成为哈萨克斯坦学生的第二大留学目的国。2016 年的"中国留学发展报告"数据显示，2015 年来华留学的哈萨克斯坦学生有 13198 名，占国际生总人数的 3.32%。

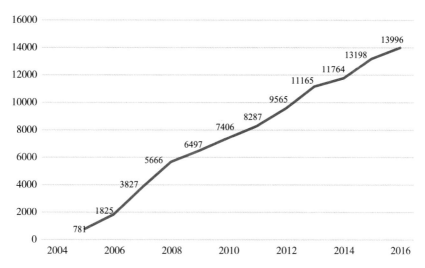

图 10-1　2005—2016 年哈萨克斯坦在中国学习的留学生人数

资料来源：哈萨克斯坦教育与科学部 2005 年至 2016 年教育统计数据。

人才是第一资源，也是"一带一路"战略持续推进和长期维系的重要基础和支撑。因奖学金数量有限，以前大部分哈萨克斯坦来华留学生都会选择自费留学。"一带一路"倡议的推行增加了免费来华留学的机会。根据哈萨克斯坦教育与科学部数据，2003 年，在中哈两国教育合作框架内来中国学习的哈萨克斯坦学生只有 20 人。2016 年，每年的免费学习奖

学金名额已提升到 120 人。此外，根据上合组织成员国协议，中国大学每年向哈萨克斯坦大学生提供 10 个奖学金名额。① 哈萨克斯坦学生在中国学习的专业主要包括中国语言文学、国际经济贸易、旅游、石油、银行业、法律、市场管理等。

二、孔子学院成为两国人民沟通和交流的大平台

孔子学院作为中国文化外交的重要形式，是体现中国软实力的重要标志。截至 2019 年，我国在哈萨克斯坦创办的孔子学院共有五所，即哈萨克斯坦欧亚大学孔子学院（2006 年 12 月）、阿里法拉比哈萨克民族大学孔子学院（2009 年 2 月）、阿克托别国立师范学院孔子学院（2011 年 6 月）、卡拉干达国立技术大学孔子学院（2012 年 11）、阿布莱汗国际关系与外国语大学孔子学院（2017 年 4 月）。这些孔子学院无论在当地的汉语教学推广、汉语人才培养方面，还是在增进两国人民之间的交流和友谊方面，都起到了重要作用。以欧亚大学孔子学院为例，作为在哈萨克斯坦创办的首家孔院，该学院以传播中国文化为主要任务，积极办学，已成为哈萨克斯坦各界了解中国语言文化的重要窗口。自孔子学院成立以来，已有3500 名不同年龄和性别的学习者接受汉语技能培训。2018 年，150 余名哈萨克斯坦学生获得在中国完成学士、硕士、博士学位和语言培训的孔子学院奖学金。② 通过孔子学院多年的不懈努力，哈萨克斯坦青年和各界人士对汉语和中国文化的兴趣和热情不断提高，各行业各层次汉语人才不断增加。可以说，孔子学院已成为中哈两国人民沟通和交流的重要平台，为中国与哈萨克斯坦睦邻友好关系做出了积极贡献。

① Тянь Е., *Взаимоотношения Китайской Народной Республики и Республики Казахстан на примере сотрудничества в сфере образования*，2018-10-25，https://nbpublish.com/library_read_article.php? id=27722.

② *Казахстан и Китай наращивают сотрудничество в сфере образования и науки*，2018-07-18，https://www.inform.kz/ru/kazahstan-i-kitay-naraschivayut-sotrudnichestvo-v-sfere-obrazovaniya-i-nauki_a3324011.

三、充分利用上海合作组织搭建平台，开展教育合作与交流

自 2001 年上海合作组织成立以来，哈萨克斯坦一直积极参与各项活动，认真执行上海合作组织通过的一系列协议，在该组织中发挥了极其重要的作用。2008 年 10 月，在哈萨克斯坦首都阿斯塔纳举行的第二次上合组织成员国教育部长会议上讨论了组建"上海合作组织大学"的构想。该项目通过在成员国高校间搭建非实体合作网络与交流平台，巩固和加强成员国之间的高等教育合作。五个成员国一致同意将区域学、生态学、能源学、IT 技术和纳米技术等五个专业为优先合作方向，并按照基本要求和标准，遴选出本国的项目院校。目前，哈萨克斯坦已有 14 所院校入选。[①]2011 年 12 月成立的"中国中亚国家大学生交流基地"成为中国与哈萨克斯坦高校间又一个重要的合作平台。同年 7 月，中国、俄罗斯、哈萨克斯坦和蒙古国四国成立了"阿尔泰区域高校校长联合会"。2014 年 6 月，首届中国高等教育展在哈萨克斯坦阿拉木图市举行。这些平台为两国间的交流与合作提供了广阔的空间与有力的保障。

第三节 "一带一路"背景下中哈两国的教育合作前景

中国和哈萨克斯坦是共建"一带一路"的先行者，而作为"一带一路"首倡之地的哈萨克斯坦也是"一带一路"倡议的重要践行者之一。中国与哈萨克斯坦的合作在国际社会中树立的互利共赢典范，为推动建设新型国际关系、构建人类命运共同体注入了满满的正能量。自 1992 年中国与哈萨克斯坦建交到 2011 年双方宣布发展全面战略伙伴关系，两国高层交往频繁，政治互信不断提升。中哈两国政府通过政策对接深化全面合作，"一带一路"框架下的教育合作夯实民意基础，筑牢社会根基。深化中国与哈萨克斯坦的教育合作与交流，既是共建"一带一路"的重要组成

---

① 彭世璞、原帼力：《"丝绸之路经济带"背景下新疆与哈萨克斯坦高等教育合作的优劣势分析及对策》，《昌吉学院学报》2016 年第 3 期。

部分，又能为两国的民心相通架设桥梁，为创新发展提供人才支撑。推进共建"一带一路"，为推动中国与哈萨克斯坦间的教育大开放、大交流、大融合提供了大契机。

两国的合作在国际社会中树立了互利共赢的典范，为推动建设新型国际关系、构建人类命运共同体注入了新能量。"一带一路"倡议提出以来，中哈两国的教育合作方式和途径不断丰富，交流频率也逐步提高，加强技术创新型人才培养、孔子学院功能向职业技能性专业延伸、创办跨国合作办学项目逐步成为两国合作发展的努力方向。

一、结合人才需求，实施科技创新行动计划

2012年出台的《哈萨克斯坦—2050》战略提出，在强大国家、发达经济和全员劳动潜力的基础上，2050年要跻身世界发达国家30强。要配合宏伟发展战略，适应产业转型和强劲的经济发展势头，哈萨克斯坦就需要大批国际人才，特别是科技创新人才。在2018年的国情咨文中纳扎尔巴耶夫总统提出，教育要适应新工业化的要求，扩大信息技术、人工智能和大数据等相关专业的毕业生人数，高校要把冶金、石油和天然气化工、农业、生物和信息技术研究作为重点。《2016—2019年哈萨克斯坦教育科学发展国家战略》提出三点战略目标：第一，提高教育科学竞争力，为经济的稳定增长提供人才储备。第二，通过改善技术职业教育条件，激发年轻人的社会经济热情。第三，保障向各经济领域提供具有竞争力的高等和高等后人才供应，实现教育科学一体化和创新。[①] 目前，中哈两国正在落实的合作项目涉及汽车制造、化工、矿山冶金和电梯生产等多个领域。

为了实现双方相互的产业关联效应，针对哈萨克斯坦的新发展战略要求，中国可以结合人才培养现状与需求，提高合作的针对性。以纳扎尔巴耶夫大学为例，该校的发展战略及各项活动都以《哈萨克斯坦—2050》

---

① *Государственная программа развития образования и науки Республики Казахстан на 2016-2019 годы.* утверждена Указом Президента Республики Казахстан от1марта 2016года №205，https：//online.zakon.kz/document/? doc_id=32372771.

中确定的国家优先事项为导向，服务于哈萨克斯坦国家创新体系和知识社会的建设与发展。为了回应国家对高素质人才的需求，哈萨克斯坦一些大学通过加强与行业间的联系，开始实施高等教育与科学产业的一体化进程。例如，哈萨克国立萨特帕耶夫研究技术大学与帕尔萨特股份公司的研究机构合并成为哈萨克斯坦第一所国立研究型技术大学。2016 年该校与哈萨克—英国技术大学联合创立了哈萨克斯坦最大的研究和技术中心。①面对创新与研究的转型挑战，如何进一步促进教育、科学和工业之间联系，成为现阶段的哈萨克斯坦教育需要不断思索和努力的方向。

中国实施的共建"一带一路"科技创新行动计划将同各沿线国家一道推进科技人文交流、共建联合实验室、科技园区合作、技术转移四大举措。在未来的 5 年内，中国的创新人才交流项目将支持 5000 人次的中外方创新人才开展交流、培训、合作研究。在技术创新人才培养方面，中国可向哈萨克斯坦输出自然科学、信息技术和社会科学等领域的优质教育资源，为两国的经济发展注入新活力。

充分利用中国政府奖学金项目，鼓励哈萨克斯坦优秀青年来华学习，培养出色的技术创新人才。在"一带一路"建设过程中，中国政府每年向相关国家提供 1 万个政府奖学金名额，地方政府也设立了丝绸之路专项奖学金，鼓励国际交流。留学生教育是培育、发掘人才的过程，经营人才则是这个过程的目的。通过政策支持使哈萨克斯坦来华留学生的内在价值潜力转化为实际应用价值，从而对丝绸之路经济带核心区的建设做出贡献。

二、延伸孔子学院的办学功能，增设技能型教育内容

目前在哈萨克斯坦建成的五所孔子学院通过优质的教学过程和丰富多彩的文化活动激发哈萨克斯坦青年和各界人士对于汉语和中国文化的兴

---

① 郝新鸿、张琬悦：《试析哈萨克斯坦高等教育与科学和产业融合》，《比较教育研究》2018 年第 9 期。

趣和热情，培养了不同层次的汉语人才，成为两国人民沟通和交流的平台。虽然哈萨克斯坦的孔子学院在数量和规模上都得到了不错的发展，但其功能仍然局限于单一的语言和文化教育方面。进一步延伸和扩大孔子学院办学功能，适当增加一些当地所需的技术教育内容是符合哈萨克斯坦提出的有效深化中哈教育合作的发展要求。根据 2013 年《孔子学院发展规划（2012—2020 年）》提出的要求，孔子学院应该向以下几种类型发展：帮助学生同时掌握汉语与谋生的本领；在发展中国家开展有针对性的职业教育；根据所在国家的特殊需求，兴办特色孔子学院（如武术、烹饪、中医等）。按照孔子学院将来的发展规划要求，哈萨克斯坦的孔子学院也要扩大职能范围，增加职业人才培养内容。孔子学院的这种延伸功能将中国语言和文化教育与专业技术教育结合起来，将有助于促进中国语言和文化在哈萨克斯坦各个社会经济领域的扎根与有效传播。

三、配合中国企业的"走出去"战略，开展职业教育合作

2014 年 11 月，哈萨克斯坦总统纳扎尔巴耶夫提出了"光明之路"新经济政策。该政策的核心是加强交通基础设施建设，实现交通、物流、通讯领域互联互通，促进国家经济发展和创造新的就业岗位，为国家未来发展注入新的增长动力。本着开放精神和协商、协作、互利的原则，在 2016 年的"二十国集团杭州峰会"期间，中哈两国政府签署了《"丝绸之路经济带"建设与"光明之路"新经济政策对接合作规划》。这一政策对接，有利于继续深化两国经贸、农业、矿业、铁路、科技等领域务实合作，为加强双方在国际和地区安全与发展领域的合作，推动上海合作组织稳定发展发挥了积极作用。2017 年 8 月 15 日，哈萨克斯坦政府通过了未来五年（2018—2023 年）国家投资战略。哈萨克斯坦投资发展部长卡希姆别克表示，今后哈萨克斯坦投资政策的重点是吸引更多外国投资到以出口为导向的非能源产业。这些产业包括石油和矿产品深加工等目前有发展潜力的行业以及信息和通信技术等未来有发展潜力的行业。

对哈萨克斯坦企业的调查表明，目前对技术职业教育专家和工人技

能的需求量已达到 73%，但因为不符合劳动力市场需求的工人资格，哈萨克斯坦每年都会引进 3 万多名外国工人，其中的 83% 都将从事工业性行业。《2010—2014 年哈萨克斯坦加快工业创新发展国家纲要》（以下简称《纲要》）中确定了机械、化工、建材、冶金、石化和食品等六个优先发展行业。为有效推进《纲要》精神的落实，哈萨克斯坦教育部积极推动国内高校、中专院校同国外知名高校、职业技术院校的合作，制定伙伴计划并严格按照战略要求培养人才。[①]

哈萨克斯坦中国研究中心主任古丽娜尔·沙伊梅尔格诺娃接受《人民日报》记者采访时说道，目前中哈两国已确立的重点合作项目共有 55 个，总投资额达到 270 多亿美元。[②] 大批中资企业在哈萨克斯坦设立分支机构，哈萨克斯坦依托中国的资金、技术和市场，正在快速进行工业化发展。在此背景下，发挥政府引领、行业主导作用，促进高等学校、职业院校与行业和企业深化产教融合。鼓励中国优质职业教育配合高铁、电信运营等行业和企业走出去，探索多种形式的合作办学，设立职业院校，开展多层次的职业教育和培训，培养中哈两国急需的应用型职业技术人才。

四、结合自身强项，开展合作办学

境外合作办学是开展教育合作的重要渠道。有条件的中国高等学校集中优势学科，选好合作契合点开展境外办学是符合中国实施"丝绸之路"合作办学推进计划的。[③] 虽然中国与哈萨克斯坦拥有足够的地缘优势和深厚的合作基础，但目前中哈两国的合作办学项目还未建立，也没有中国高校在哈萨克斯坦开设高等学历的教育机构，而英国、俄罗斯和土耳其在哈萨克斯坦已建有海外高校。根据哈萨克斯坦劳动部的估计，未来几

---

① 《哈投资发展部部长谈"加快工业创新发展国家纲要"》，2015 年 4 月 20 日，见 http：//kz.mofcom.gov.cn/article/ztdy/201504/20150400938287.shtml。

② 陈效卫：《一带一路合作实现了共赢》，《人民日报》2019 年 3 月 18 日。

③ "丝绸之路"合作办学推进计划是 2016 年教育部牵头制订的《推进共建"一带一路"教育行动》的合作重点之一。

年哈萨克斯坦对高级专业人才仍有较大需求，其中包括工程技术人员、IT人才、会计、营销经理、医护人员和教师等。[①] 结合自身的强项和优势，就哈萨克斯坦目前的专业人才需求，中国可以推出联合培养项目，在高等职业教育层面开展本科生应用型学士教育。作为初期项目中国可在信息、新兴能源和工程技术等领域开展联合办学。

---

① 中国驻哈萨克斯坦大使馆经商参处编：《对外投资合作国别（地区）指南——哈萨克斯坦》（2018 年），2019 年 2 月 1 日，见 https：//www.yidaiyilu.gov.cn/wcm.files/upload/CMSydylgw/201902/2019020105110。

结　束　语

习近平主席在第二届"一带一路"国际合作高峰论坛开幕式上说道，共建"一带一路"科技创新行动计划，中国将同各方一道推进科技人文交流，开展中外方创新人才交流、培训和合作研究，鼓励和支持沿线国家社会组织广泛开展民生合作，深化各领域人力资源开发合作。① 通过各国间资本流动、技术开放、文化交流和多元化融合，能够加速沿线国家在社会多方面的渗透与交融，增进国家间的信任与宽容，营造沿线国家和平稳定的内外环境。"一带一路"倡议是进一步提高我国对外开放水平的重大战略构想，也为推进我国教育国际化提供了重大战略机遇。加强同沿线国家的双边或多边对话，深化跨国间的协同育人机制，联合培养"宽领域、多层次、国际化、复合型"人才是建设教育强国的必然选择。

加快"教育共同体"建设对中哈两国具有现实意义。如今的哈萨克斯坦是中亚地区最大的经济体，同时也是"一带一路"倡议的受益国之一。在当前政治多极化、生活信息化、经济发展全球化正强烈冲击着社会各个领域的时代背景下，哈萨克斯坦教育作为国家强大的根基，也正接受着时代变迁的影响。顺应第四次工业革命发展趋势，共同把握发展机遇，共同探索发展路径能为中哈两国开放发展开辟新天地。深入开展两国间的

---

① 《习近平在第二届"一带一路"国际合作高峰论坛开幕式上的主旨演讲》，新华网 2019-04-26，见 http://www.xinhuanet.com/politics/leaders/2019-04/26/c_1124420187.htm。

教育合作与交流，能够形成多元互惠的人文交流格局，推动构建人类命运共同体。在共建"一带一路"的道路上继续打造中哈两国的民心相通工程需要开展更加深入的教育合作与交流。但中哈两国目前的教育国际合作仍处于浅层次阶段，还不能满足两国深化各领域友好交往和互利合作的实际需求。两国间的教育合作还有很大的发展空间，共同培养国际化人才依然是双方教育交流的重要内容。

附录1：哈萨克斯坦共和国高等院校一览表

缩略语	全称	中文名称
АТУ	Алматинский технологический университет	阿拉木图技术大学
АУНГ	Атырауский университет нефти и газа	阿特劳石油天然气大学
ВКГТУ им. Д. Серикбаева	Восточно-Казахстанский государственный технический университет им. Д. Серикбаева	以赛力克巴叶夫命名的东哈萨克斯坦国立技术大学
ГУ им. Шакарима	Государственный университет им. Шакарима г. Семей	沙卡里姆国立大学
ЕНУ им. Л. Н. Гумилева	Евразийский Национальный университет им. Л.Н. Гумилева	古米廖夫欧亚民族大学
ЖГУ им. И. Жансугурова	Жетысуский государственный университет им. И.Жансугурова	以江斯古洛夫命名的七河国立大学
ЗКАТУ им. Жангир хана	Западно-Казахстанский аграрно-технический университет им. Жангир хана	以江格尔罕命名的西哈萨克斯坦农业技术大学
ЗКИТУ	Западно-Казахстанский инженерно-технологический университет	西哈萨克斯坦工程技术大学
ИнЕУ	Инновационный Евразийский Университет	欧亚创新大学
КазАТУ им.С. Сейфуллина	Казахский агротехнический университет им. С. Сейфуллина	以塞弗琳命名的哈萨克斯坦农业技术大学
КазГосЖенПУ	Казахский государственный женский педагогический университет	哈萨克斯坦国立女子师范大学
КазНАУ	Казахский национальный аграрный университет	哈萨克斯坦民族农业大学

缩略语	全称	中文名称
КазНАИ им. Т.Жургенова	Казахская национальная академия искусств им.Т.Жургенова	图尔基诺夫哈萨克斯坦民族艺术学院
КазНАХ	Казахская национальная академия хореографии	哈萨克斯坦民族舞蹈学院
КазНИТУ им. К. И. Сатпаева	Казахский Национальный исследовательский технический университет им. К. И. Сатпаева	萨特巴耶夫哈萨克民族理工大学
КазНМУим.С.Д. Асфендиярова	Казахский национальный медицинский университет им.С.Д.Асфендиярова	以阿斯芬迪亚洛夫命名的哈萨克斯坦民族医科大学
КазНКим.Курмангазы	Казахская национальная консерватория им.Курмангазы	库尔曼哈兹哈萨克斯坦民族音乐学院
КазНПУ им. Абая	Казахский Национальный педагогический университет им. Абая	哈萨克斯坦阿拜民族师范大学
КазНУ им. аль-Фараби	Казахский Национальный университет им. аль-Фараби	哈萨克斯坦法拉比民族大学
КазНУИ	Казахский национальный университет искусств	哈萨克斯坦民族艺术大学
КазУМОиМЯ им. Абылай хана	Казахский университет международных отношений и мировых языков им. Абылай хана	哈萨克斯坦阿布莱罕国际关系与世界语言大学
КарГТУ	Карагандинский государственный технический университет	卡拉干达国立技术大学
КарГУ им.Е. А. Букетова	Карагандинский государственный университет им. академика Е.А.Букетова	以布克托福院士命名的卡拉干达国立大学
КБТУ	Казахстанско-Британский технический университет	哈萨克斯坦英国技术大学
КГУ им. А.Байтурсынова	Костанайский государственный университет имени А. Байтурсынова	以巴依图尔斯诺夫命名的科斯塔奈国立大学
КГУ им. Ш. Уалиханова	Кокшетауский государственный университет им. Ш. Уалиханова	以瓦里罕诺夫命名的科克什塔吾国立大学
КИМЭП	Казахстанский институт менеджмента, экономики и прогнозирования	哈萨克斯坦管理、经济和预测学院

续表

缩略语	全称	中文名称
КызГУ им. Коркыт Ата	Кызылординский государственный университет им. Коркыт Ата	以阔尔科特阿塔命名的克孜勒奥尔达国立大学
МКТУ им. Х. Ясави	Международный казахско-турецкий университет им. Х. Ясави	亚萨维哈萨克—土耳其国际大学
ПГУ им. С. Торайгырова	Павлодарский государственный университет им. С. Торайгырова	以托莱基洛夫命名的巴甫洛达尔国立大学
СКГУ им. М. Козыбаева	Северо-Казахстанский государственный университет имени М. Козыбаева	以阔兹巴耶夫命名的北哈萨克斯坦国立大学
ТарГУ им. М.Х. Дулати	Таразский государственный университет им. М. Х. Дулати	以杜拉提命名的塔拉兹国立大学
ЮКГИ им. М.Сапарбаева	Южно-Казахстанский гуманитарный институт им. М. Сапарбаева	以萨帕尔巴耶夫命名的南哈萨克斯坦人文学院
ЮКГПУ	Южно-Казахстанский государственный педагогический университет	南哈萨克斯坦国立师范大学
ЮКГУ им. М. Ауэзова	Южно-Казахстанский государственный университет им. М. Ауэзова	以奥埃佐夫命名的南哈萨克斯坦国立大学

附录 2：常见教育缩略词表

缩略语	全称	翻译
АО «ИАЦ»	Акционерное общество «Информационно-аналитический центр»	《信息分析中心》股份公司
АОО НИШ	Автономная организация образования «Назарбаев Интеллектуальные школы»	教育自治组织"纳扎尔巴耶夫智力学校"
ВВП	Валовый внутренний продукт	国内生产总值
ВОУД	Внешняя оценка учебных достижений	学业成绩外部评估
ВЭФ	Всемирный экономический форум	世界经济论坛
ВТШ	Высшая техническая школа	高等技术学校
ГБ	Государственный бюджет	国家预算
ГИК	Глобальный индекс конкурентоспособности	全球竞争力指数
ГОСО	Государственный общеобязательный стандарт образования	国家普通教育标准
ГПИИР	Государственная программа индустриально-инновационного развития Республики Казахстан на 2015-2019 гг.	2015—2019 年哈萨克斯坦共和国国家工业创新发展纲要
ГПРО	Государственная программа развития образования Республики Казахстан на 2011-2020 годы	2011—2020 年哈萨克斯坦共和国国家教育发展规划
ГПРОН	Государственная программа развития образования и науки Республики Казахстан на 2016-2019 гг.	2016—2019 年哈萨克斯坦共和国国家教育与科学发展纲要

续表

缩略语	全称	翻译
ДО	Дошкольная организация	学前教育
ЕНТ	Единое национальное тестирование	国家统一考试
ЕС	Европейский союз	欧盟
ЕФО	Европейский фонд образования	欧洲教育基金
ИКТ	Информационно-коммуникационные технологии	信息和通信技术
ИПР	Инженерно-педагогические работники	工程教育工作者
ИРЧК	Индекс развития человеческого капитала	人力资源发展指数
ИЧР	Индекс человеческого развития	人类发展指数
КНР	Китайская Народной Республика	中华人民共和国
МБ	Местный бюджет	地方预算
МБП	Международное бюро просвещения	国际教育局
МВД РК	Министерство внутренних дел Республики Казахстан	哈萨克斯坦共和国内务部
МЗ РК	Министерство здравоохранения Республики Казахстан	哈萨克斯坦共和国卫生部
МИО	Местные исполнительные органы	地方执行机构
МКС РК	Министерство культуры и спорта Республики Казахстан	哈萨克斯坦共和国文化与体育部
МКШ	Малокомплектные школы	小规模学校
МОН РК	Министерство образования и науки Республики Казахстан	哈萨克斯坦共和国教育与科学部
МСКО	Международная стандартная классификация Образования	国际教育标准分类
МТБ	Материально-техническая база	物质技术基础
МФ РК	Министерство финансов Республики Казахстан	哈萨克斯坦共和国财政部
НААР	Независимое агентство аккредитации и рейтинга	独立认证和评级机构
НАО	Некоммерческое акционерное общество	非营利股份公司

缩略语	全称	翻译
НАО им.Ы. Алтынсарина	Национальная академия образования им. Ы. Алтынсарина	以扬·阿尔廷萨林命名的国家教育学院
НИИ	Научно-исследовательский институт	科学研究所
НИР	Научно-исследовательская работа	科学研究工作
НКАОКО	Независимое казахстанское агентство по обеспечению качества в образовании	独立的哈萨克斯坦教育质量保证机构
НПА	Нормативный правовой акт	规范性法律文件
НПО	Начальное профессиональное образование	初等职业教育
НПП	Национальная палата предпринимателей	全国工商会
НЦПК «Өрлеу»	Национальный центр повышения квалификации «Өрлеу»	"乌尔雷"国家进修中心
ООН	Организация Объединенных Наций	联合国
ОЭСР	Организация экономического сотрудничества и развития	经济合作与发展组织
ПГК	промежуточный государственный контроль	中期国家考核
ПЛ	Профессиональный лицей	职业中学
ППС	Профессорско-преподавательский состав	师资队伍
ПТШ	Профессионально-техническая школа	职业技术学校
РБ	Республиканский бюджет	共和国预算
РГКП «НЦТ»	Республиканское государственное казенное предприятие «Национальный центр тестирования»	共和国国营企业"国家测试中心"
СМИ	Средства массовой информации	大众媒体
СНГ	Содружество Независимых Государств	独联体
СПО	Среднее профессиональное образование	中等职业教育
СО	Среднее образование	中等教育
США	Соединенные Штаты Америки	美利坚合众国
ТиПО	Техническое и профессиональное образование	技术和职业教育
ТУП	Типовой учебный план	标准教学计划
УМК	Учебно-методический комплекс	教学方法论

续表

缩略语	全称	翻译
ЦБП и АМ	Центр Болонского процесса и академической мобильности	博洛尼亚进程和学术交流中心
ЦМП «Болашак»	Центр международных программ «Болашак»	"博拉沙克"国际计划中心
ЦОР	Цифровой образовательный ресурс	数字教育资源
ЭАН	Экономически активное население	参加经济活动的人口
ЮНЕСКО	Специализированное учреждение Организации Объединенных Наций по вопросам образования, науки и культуры	联合国教育、科学及文化组织专门机构
ЮНИСЕФ	Международный чрезвычайный детский фонд ООН	联合国儿童基金会
NEET	Молодежь, исключенная из сферы занятости и образования	被排除在就业和教育之外的青少年
PIAAC	Международная программа по оценке компетенций взрослого населения	国际成人能力评估项目
PIRLS	Международное исследование степени усвоения навыков чтения	国际阅读素养进展研究
PISA	Международная программа по оценке образовательных достижений учащихся в возрасте 15 лет	国际学生评估项目（15岁学生教育成就评估国际项目）
QS WUR	Мировой рейтинг университетов QS	QS 世界大学排名
QS EECA	Рейтинг лучших университетов в странах Восточной Европы и Центральной Азии QS	QS 东欧及中亚国家大学排名
TALIS	Международное исследование преподавания и обучения	教师教学国际调查
TIMSS	Исследование тенденций в области обучения математике и естественным наукам	国际数学与科学趋势研究项目

附录3：哈萨克斯坦教育常用词汇解析

Академическая мобильность（学术流动性）：在一个特定的学术期间内（学期或学年），学生及教学研究人员为了进行学习和研究，将自己的学习和研究转移到另一个大学（在国内或国外）并以贷款的形式在本校和其他高校完成必要的学习计划和课程。

Аккредитация（国家认证）：认证机构认可教育服务符合既定标准（规则），提供关于其质量的客观信息，证明有有效的机制来提高其质量的过程。

АО（Акционерное общество）（股份公司）：正式注册的法人，为其业务筹集资金的股票发行公司。股份公司股东可以是不同类型的。与哈萨克斯坦共和国教育与科学部有联系的股份公司的主要股东通常是部级单位或政府本身。股份公司是商业组织，但可以在其中成立非营利实体。

Программа "Балапан"（"巴拉潘"计划）：为了让更多学前教育儿童的学习和教育得到保障，在哈萨克斯坦前任总统纳扎尔巴耶夫的倡议下，2010年出台了"巴拉潘"计划。该计划的颁布使得国家学前教育体系逐渐恢复，也成为哈萨克斯坦学前教育获得空前发展的起点。

Высший колледж（高职学院）：是实施技术和职业教育及中等后教育教学大纲综合模式的学校。2015年开始以前的高等技术学校（высшие технические школы）换名为高职学院。

Гимназия（文科学校）：根据初等教育、基础中等教育、普通中等教育和补充教育大纲实施教学的教育机构。它们将根据学生的兴趣和能力，保障扩大和深化社会人文和其他方向的教学。

Государственная аттестация организаций образования（教育机构的国家鉴定）：为确保教育机构提供的教育服务符合国家普通教育标准要求而进行的程序。

Государственный образовательный заказ（国家公费教育名额）：国家为学前教育服务，技术人员和专家为满足经济发展和社会再生产需求所进行的培训和进修，以及教育系统的教学保障而提供的资助数额。

Государственная программа «Дарын»（国家计划"达雷恩"）："达雷恩"计划是 1997 年颁布的国家计划。在此基础上，于 1998 年建立的哈萨克斯坦"达雷恩"全国科学实践中心（РНПЦ «Дарын»），在识别和支持天赋儿童方面发挥了重要作用，为使哈萨克斯坦教育达到世界水平做出了重要贡献。

Грант «Өркен»"乌尔肯"教育补助金：是哈萨克斯坦共和国第一任总统为支付自治教育组织纳扎尔巴耶夫智力学校的天才儿童学费而设立的奖学金。

Дистанционные образовательные технологии（远程教育技术）：学生与教师利用信息通信技术或电信手段间接地（有距离的）或不完全间接地进行互动的教学方式。

Доступ к образованию（教育可达性）：国家或教育组织为所有愿意接受教育的人提供平等机会的政策。

Дуальное обучение（"双元制"教学模式）：是一种教育机构将义务教育过程与企业实践相结合的培训形式。在企业、教育机构和学生承担同等责任的情况下，企业将给学生提供就业机会和工资。哈萨克斯坦技术和职业教育实行的双元制教育模式使中职学院的毕业生获得实践学习机会。

Лицей（实科中学）：根据基础中等教育、普通中等教育和补充教育大纲实施教学的教育机构。它们将根据学生的兴趣和能力，保障扩大和深化自然数学方面的教学。

　　Единое национальное тестирование（ЕНТ）（国家统一考试）：是哈萨克斯坦 2004 年引入的普通中等教育机构学习者最终的考核形式，它与中学后教育或高等教育机构的入学考试相结合。掌握中等基础教育课程的学校毕业生可在自愿的基础上参加该考试。2004—2016 年间，哈萨克斯坦 150 万左右的应届毕业生参加了国家统一考试。哈萨克斯坦国家统一考试虽然为毕业生提供了同时获得高等教育和普通中学文凭的机会，但考试后的低分数则会产生法律后果，比如解雇学校行政人员和教师等。

　　Именная стипендия（记名奖学金）：为鼓励最优秀的学习者从事科研工作，积极参与学校组织的各种社会、文化和体育活动的学生而设立的个人或法人奖学金。

　　Инклюзивное образование（包容性教育）：是一个确保所有学生都能平等地接受教育的过程，它将考虑到特殊的教育需要和个人能力。

　　Интернационализация образования（教育国际化）：是在国家间、文化间和全球层面对教育服务的目标、职能和组织形式实现一体化的过程。

　　Исследовательский университет（研究型大学）：执行哈萨克斯坦共和国政府批准的五年发展计划的高等院校。它们能够独立制定高等教育和高等后教育人才培养教育大纲，可为新知识的生产与转移而利用基础应用科学研究成果。

　　Колледж（中职学院）：根据普通中等教育、技术和职业教育或中学后教育大纲实施教学的教育机构。

　　Кредитная технология обучения（教学信贷技术）：学习者通过选择和自我规划利用贷款延续学业，使用的贷款作为衡量学习者和教师工作量的统一单位。

　　Малокомплектная школа（小规模学校）：是一种普通教育学校，学生人数少、混合班级，采用专门的教学形式。小规模学校的主要衡量指标是学生人数。小学教育的学生人数 5—40 人，初中教育的学生人数 41—80 人，高中教育的学生人数 81—180 人。小规模学校是哈萨克斯坦教育体系的重要组成部分，其中很大一部分位于农村地区。

Международная стипендия «Болашақ»（"博拉沙克"国际奖学金）：是由哈萨克斯坦共和国总统设立的奖学金，用于本国公民以全日制形式在国外著名大学学习或用于国际组织工作人员的进修，其类别由共和国海外培训委员会确定。

Международная школа（国际学校）：实施自主制定的综合教育计划，在国际学术组织或国际机构鉴定经过认证的教育机构。

Мини-центры（迷你中心）：是一种新型低耗模式的学前教育机构。作为学前机构、校外机构以及中等教育机构的分支部门，自 2004 年开始建立以来，以全日制或半日制的方式实施教学。迷你中心以其充分的灵活性缓解了普通学前教育机构的压力。运行时间为每周 2—7 次，每天 2—10 小时。

Наблюдательный совет 观察委员会：监督教育活动，促进教育组织管理的治理监督机构。

Назарбаев интеллектуальные школы（纳扎尔巴耶夫知识学校）：哈萨克斯坦共和国在总统纳扎尔巴耶夫的倡议下，于 2008 年启动了该项目，并在同年创建了 20 所纳扎尔巴耶夫知识学校，其目的是建立一个用于开发、监控、研究、分析、测试、实施学前和中小学现代教育大纲模型的实验平台。知识学校采用现代化管理模式，引入创新学习模型。学校有权独立批准教育大纲和课程，制定入学考试要求，对学习成绩进行持续监控，组织期中和期末考试。纳扎尔巴耶夫知识学校的教育课程已得到多所大学的认可。该校毕业者可直接进入哈萨克斯坦—英国技术大学、哈萨克斯坦管理经济与战略研究大学、萨特巴耶夫哈萨克国立理工大学等著名大学的本科二年级。

Национальная система оценки качества образования（国家教育质量评估系统）：是符合国家普通教育标准规定的质量、个人、社会和国家需求的一系列制度结构、程序和方式方法的综合。

Национальное высшее учебное заведение（国家级高等教育机构）：作为国家的主要科学和教学中心，具有特殊地位的高等教育机构。

Некоммерческое акционерное общество（非营利股份公司）：为开展业务活动筹集资金而发行股票的法人，其收入专用于社会发展。

Образовательный грант（教育奖学金）：根据哈萨克斯坦共和国法律规定的条件，向学生提供用于支付高等教育费用的专项资金。

Образовательный кредит（教育贷款）：在紧急、付款和退款的条件下金融机构为支付学费而提供给借款人的资金。

Общеобразовательная школа（普通教育学校）：是根据初等、基础中等和普通中等教育大纲和补充教育大纲向学习者实施教育的学校。

Опорная школа（ресурсный центр）（重点学校（资源中心））：普通中等教育机构，在其基础上合并附近小规模学校的教育资源，用于短期学习、期中和期末考核，目的是为了确保小规模学校的学习者能接受高质量教育。

Попечительский совет（监护委员会）：是一个对教育组织进行社会监督的合议管理机构。

Прикладной бакалавриат（应用型学士）：是哈萨克斯坦技术和职业教育的一个新发展方向。它是职业教育体系中的定向就业专家培训方式。完成四年应用型学士培养计划的学生将成为既掌握理论知识，又具备实践技能的高等教育专业人才。

Профессиональная ориентация（职业指导）：向学生提供信息和咨询，使其能够行使接受教育和职业机会方面的权利，根据职业兴趣、个人能力和心理生理特征，有意识地选择职业和学习地点。

Профильное обучение（侧重专业式教学）：是区别化和个性化教学过程，是根据学习者的兴趣、爱好和能力组织教育的过程。

Училище（专业学校）：根据基础中等教育、普通中等教育、技术和职业教育或中等后教育大纲实施文化和艺术方面专门教育的教育机构。

Элитарное образование（精英教育）：通过专门的普通教育和教学方案，在专门的天才儿童教育机构获得的教育。

参 考 文 献

中文文献：

1.陈举：《"一带一路"战略下中国与哈萨克斯坦高等教育合作空间探究》，《教育探索》2017 年第 1 期。

2.郝新鸿、张琬悦：《试析哈萨克斯坦高等教育与科学和产业融合》，《比较教育研究》2018 年第 9 期。

3.况雨霞：《博洛尼亚进程之路上的哈萨克斯坦高等教育》，《吉林省教育学院学报》2014 年第 1 期。

4.李慧、苏卡特、阿米娜：《中国与中亚国家"教育丝绸之路"合作路径探析——基于中亚四国高等教育的发展》，《东北大学学报》2018 年第 4 期。

5.李爽：《博洛尼亚进程影响下的哈萨克斯坦高等教育》，硕士学位论文，上海师范大学，2010 年。

6.马新英：《哈萨克斯坦高等教育的历史演变及现状分析》，《俄罗斯中亚东欧市场》2011 年第 3 期。

7.马新英、程良法：《哈萨克斯坦"2011—2020 年国家教育发展纲要"中高等教育改革解读》，《俄罗斯中亚东欧市场》2013 年第 2 期。

8.彭世璞、原帼力：《"丝绸之路经济带"背景下新疆与哈萨克斯坦高等教育合作的优劣势分析及对策》，《昌吉学院学报》2016 年第 3 期。

9.宋晶：《哈萨克斯坦职业教育现状与发展趋势》，《深圳职业技术学院学报》2017 年第 6 期。

10. 田成鹏、海力古丽·尼牙孜：《哈萨克斯坦"三语政策"及其影响分析》，《新疆大学学报》2015 年第 1 期。

11. 王明昌：《土耳其与中亚国家关系的现状及前景》，《国际研究参考》2018 年第 5 期。

12. 王培培：《哈萨克斯坦高等教育研究》，硕士学位论文，兰州大学政治学，2013 年。

13. 王雪梅：《哈萨克斯坦高等教育国际化进程中的问题与对策》，《新疆大学学报》2012 年增刊。

14. 王雪梅、海力古丽·尼牙孜：《哈萨克斯坦高等教育国际化发展研究》，《比较教育研究》2016 年第 8 期。

15. 杨蕾：《跟跑国家世界一流大学体系建设策略研究——基于沙特阿拉伯、哈萨克斯坦两国的分析》，《比较教育研究》2019 年第 1 期。

16. 杨恕：《中亚高等教育概况》，《中亚研究》2017 年第 1 期。

17. 叶玉华：《哈萨克斯坦现代教育体系的发展》，《外国教育研究》2003 年第 9 期。

18. 赵常庆：《列国志·哈萨克斯坦》，社会科学文献出版社 2004 年版。

19. 赵常庆：《哈萨克斯坦的 2030/2050 战略——兼论哈萨克斯坦的跨越发展》，《新疆师范大学学报》2013 年第 3 期。

20. 张颜也：《哈萨克斯坦"多元平衡外交"研究》，硕士学位论文，华东师范大学政治学，2016 年。

21. 中国驻哈萨克斯坦大使馆经商参处编：《对外投资合作国别（地区）指南——哈萨克斯坦》（2018 年版），2019 年 2 月 20 日，见 https：//www.yidaiyilu.gov.cn/wcm.files/upload/CMSydylgw/201902/2019020105110。

22. 周丹：《全球化背景下哈萨克斯坦作为主权国家的语言政策》，硕士学位论文，上海外国语大学俄语语言文学，2019 年。

俄文文献：

1. АО «Информационно-аналитический центр» МОН РК, *Система набора*

и найма педагогических кадров для ДВО，2017 年 12 月 3 日，见 http：//iac.kz/
ru/analytics/sistema-nabora-i-nayma-pedagogicheskih-kadrov-dlya-doshkolnogo-
vospitaniya-i-obucheniya.

2. А. Н. Оспанова，Н.Камалов，Сотрудничество Казахстана и США в сфере
образования и науки，2017 年 10 月 10 日，见 http：//www.rusnauka.com/46_NNM_
2017/Politologia/10_232379.doc.htm.

3. В. Кудрявцев. *Предшкольное образование в Республике Казахстан：догоним
и⋯*，2005 年 3 月 31 日，见 http：//tovievich.ru/book/inform/5586-predshkolnoe-
obrazovanie-v-respublike-kazanhstan-dogonim-i.html.

4. *Выступление Президента РК Н. А. Назарбаева на Республиканском
совещании по вопросам АПК от 05.03. 2007г.*，2017 年 3 月 5 日，见 http：//
continent-online.com/Document/? doc_id=30091373#pos=0；81.

5. Государственная программа развития образования на 2005-2010 годы.
утверждена Указом Президента страны от 11 октября 2004г. №1459，2004 年 10
月 11 日，见 https：//online.zakon.kz/Document/? doc_id=1050925.

6. *Государственная программа развития образования и науки Республики
Казахстан на 2016-2019 годы.* утверждена Указом Президента Республики
Казахстан от1марта 2016года №205，2016 年 3 月 1 日，见 https：//online.zakon.
kz/document/? doc_id=32372771.

7. Дамитов Б.К.，Ермеков Н.Т.，《Национальный доклад о состоянии и
развитии образования в Республике Казахстан》（краткая версия），Астана：
Министерство образования и науки Республики Казахстан，2008.

8. Е.Нурланов，М.Аманғазы，Г.Ногайбаева，*Национальный доклад о
состоянии и развитии системы образования Республики Казахстан（по итогам
2017 года）*，Астана：АО «ИАЦ»，2018.

9. Ж. Козганбаева & Т. Талипбай：*Дошкольное образование в Республике
Казахстан*，2018 年 3 月 16 日，见 https：//startinfo.kz/buisness/dojkolnoe/.

10. Закон Республики Казахстан «Об образовании» (с изменениями и

дополнениями по состоянию на 18.04.2017г.），2017 年 4 月 18 日，见 http：///online.zakon.kz.

11. Закон РК *"О внесении изменений и дополнений в некоторые законодательные акты по вопросам социальной поддержки и стимулирования работников социальной сферы сельских населенных пунктов"* от 24.12.2008г.，2018 年 12 月 24 日，见 http：//adilet.zan.kz/rus/docs/Z080000111_.

12. Зуева Л.И.：*Развитие Общеобразовательной Школы в Казахстане в 1991-2001 годы*，2004 年 5 月 1 日，见 https：//articlekz.com/article/6712.

13. Казахстан и Китай наращивают сотрудничество в сфере образования и науки，2018 年 7 月 18 日，见 https：//www.inform.kz/ru/kazahstan-i-kitay-naraschivayut-sotrudnichestvo-v-sfere-obrazovaniya-i-nauki_a3324011.

14. М.Атанаева，М.Аманғазы，Г.Ногайбаева，*Национальный доклад о состоянии и развитии системы образования Республики Казахстан（по итогам 2018 года）*，Нур-Султан：Министерство образования и науки Республики Казахстан，АО «Информационно-аналитический центр»，2019.

15. Международный казахско-турецкий университет имени Ходжи Ахмеда Ясави превратит Туркестан в общий образовательный центр тюркского мира，2018 年 12 月 1 日，见 http：//ayu.edu.kz/ru/about/history.

16. Министр образования и науки Республики Казахстан：*Государственный общеобразовательный стандарт дошкольного воспитания и обучения*，2019 年 4 月 12 日，见 http：//kokshetau.aqmoedu.gov.kz/content/gosudarstvennyy-obscheobyazatelynyy-standartdoshkolynogo-vospitaniya-i.

17. Министр образования и науки Республики Казахстан：*Государственный общеобразовательный стандарт среднего образования*，2017 年 8 月 15 日，见 https：//online.zakon.kz/Document/?doc_id=31248110#pos=2；-85.

18. МОН РК，ЮНЕСКО & ОЭСР：Отчет по обзору политики：*Дошкольное воспитание и обучение в Казахстане*，2005 年 5 月 1 日，见 http：//programma.x-pdf.ru/16politologiya/343091-1-otchet-obzoru-politiki-doshkolnoe-vospitanie-

obuchenie-kazahstane-podgotovlen-sekciya-doshkolnogo-vospitaniya-obucheniya.php.

19. *Национальный сборник «Статистика системы образования Республики Казахстан»*, Астана：АО«Информационно-аналитический центр»，2018.

20. Н. Нурахметов，Ж. Караев и др.，*Малокомплектные школы：проблемы и перспективы*，Аналитический доклад，2002.

21. *Обзор национальной политики в области образования Высшее образование в Казахстане 2017*，ОЭСР，АО«Информационно-аналитический центр» за версию на русском языке. http：//www.resource.nauka.kz/high.

22. Об утверждении Стратегического плана Министерства образования и науки Республики Казахстан на 2009-2011 годы. Постановление Правительства Республики Казахстан от 23 декабря 2008 года № 1207，2008 年 12 月 23 日，见 http：//adilet.zan.kz/rus/docs/P080001207_.

23. ОЭСР：*Обзор политики в дошкольном воспитании и обучении：Казахстан*，2018 年 12 月 1 日，见 https：//www.oecd.org/education/policy-outlook/Education-Policy-Outlook-Country-Profile-Kazakhstan-2018-RU.pdf.

24. ОЭСР：*Education at a Glance-2016*，2016 年 9 月 10 日，见 https：//www.education.ie/en/Publications/Statistics/International-Statistical-Reports/Education-at-a-Glance-OECD-Indicators-2016-Briefing-Note.pdf.

25. Послание Президента РК Н.А. Назарбаева народу Казахстана，*Третья модернизация Казахстана：глобальная конкурентоспособность*，2017 年 1 月 31 日，见 http：//www.akorda.kz/ru.

26. ПП РК NO.64：*Правила Расходования Средств，Выделяемых на Оказание Финансовой и Материальной Помощи Социально Незащищенным Обучающимся и Обучающимся из Числа Малообеспеченных Семей*（с 2012 года Правила получили новую редакцию названия）от 25.01.2008г.，2008 年 1 月 25 日，https：//online.zakon.kz/document/? doc_id=31132636.

27. ПП РК N 300，*О гарантированном государственном нормативе сети организаций образования от 25.02.2000г.*，2003 年 10 月 20 日，见 https：//online.

zakon.kz/document/？doc_id=1016903.

28. ПП РК No256：*О дополнительных мерах по совершенствованию управления организациями системы Министерства образования，культуры и здравоохранения РК от 24.03.1998г.*，2013 年 5 月 8 日，见 https：//online.zakon. kz/Document/？doc_id=1009089.

29. Правительство РК：*Закон РК от 7 июня 1999 года NO.389-I Об образовании*，1999 年 7 月 20 日，见 https：//online.zakon.kz/Document/？doc_ id=1013384.

30. Приказ МОН РК №728 от 29.12.2016г. *Проект«Бесплатное ТиПО для всех»* 2019 年 12 月 16 日 . https：//online.zakon.kz/Document/？doc_id=3986150.

31. Приказ и.о. МОН РК NO.499：*Об утверждении Типовой учебной программы дошкольного воспитания и обучения*，2016 年 8 月 12 日，见 http：// adilet.zan.kz/rus/docs/V1600014235.

32. Приказ МОН РК NO. 289：*Об утверждении типовых правил деятельности видов специализированных организаций образования* от 19.07.2013г.，2020 年 4 月 7 日，见 https：//online.zakon.kz/Document/？doc_ id=31437322.

33. Приказ Министра образования и науки РК：*Об Утверждении Правил и Условий Проведения Аттестациипедагогических Работников и Приравненных к Ним Лиц，Занимающих Должности в Организациях Образования，Реализующих Общеобразовательные Учебные Программы Дошкольного Воспитания и Обучения，Начального，Основного Среднего и Общего Среднего Образования，Образовательные Программы Техническом Профессионального，Послесреднего，Дополнительного Образования и Специальные Учебные Программы，и Иных Гражданских Служащих в Области Образования и Науки от 27 января 2016 г.* № 83，2016 年 1 月 27 日，见 https：//online.zakon.kz/document/？doc_id=37044391.

34. ПРООН：*Доклад о человеческом развитии 2014. Обеспечение устойчивого прогресса человечества：уменьшение уязвимости и формирование*

жизнестойкости, 2015 年 1 月 3 日， 见 http：//www.unic.ru/library/dokumenty-oon/doklad-o-chelovecheskom-razvitii-2014-obespechenie-ustoichivogo-progressa-chel.

35. *Сборник «Оценка качества подготовки выпускников дошкольных организаций образования к обучению в школе»*, АО «ИАЦ», 2015г.

36. С.Ирсалиев， А.Култуманова， Э.Тулеков， «*Национальный доклад о состоянии и развитии системы образования Республики Казахстан» 2016 год*, Астана：АО «Информационно-аналитический центр»， 2017.

37. Состояние и перспективы начального общего образования в РК， 2009， http：//www.edu.gov.kz.

38. Стратегический план Министерства образования и науки Республики Казахстан на 2017-2021годы. Приказ Министра образования и науки Республики Казахстан от 29 декабря 2016 года № 729. 2016 年 12 月 29 日， 见 http：//www.kaznpu.kz/docs/urist/5_rus.pdf.

39. Т.Ж. Калдыбаева：*Социальные проблемы дошкольного образования в Казахстане*, 2000 年 12 月 10 日， 见 http：ecsocman.hse.ru/data/664/974/1219/011.KALDYBAEVA.pdf.

40. ТЕМПУС В КАЗАХСТАНЕ, 2019 年 11 月 27 日， 见， http：//www.erasmusplus.kz/index.php/ru/tempus-iv/tempus-iv-v-kazakhstane.

41. Тянь Е.， Взаимоотношения Китайской Народной Республики и Республики Казахстан на примере сотрудничества в сфере образования， 2018 年 10 月 25 日， 见， https：//nbpublish.com/library_read_article.php？id=27722.

42. Указ Президента РК N 626 от 01.07.2008г. «*О Государственной программе развития технического ипрофессионального образования в Республике Казахстан на 2008-2012 годы»*, 2019-12-13， https：//online.zakon.kz/document/？doc_id=30193614.

43. Указ Президента РК No.448：*О государственной программе «Образование» от 30.09.2000г.* (утратил силу указом Президента РК N 1696 от

09.01.2006г.），2000 年 9 月 30 日， 见 https：//online.zakon.kz/document/？doc_id=1020023.

44. Указ Президента РК：*О Национальной комиссии по делам семьи и женщин при Президенте Республики Казахстан*，1999 年 6 月 25 日， 见 http：//zakon.tsnik.kz/doc/3643/rus/.

45. UNICEF，*Обзор доклада Открытой рабочей группы по целям устойчивого развития с точки зрения прав ребенка «Мир，пригодный для жизни детей，в период после 2015 года»*，2016 年 1 月 10 日， 见 http：//pdf.knigi-x.ru/21konferenciya/280111-1-obzor-doklada-otkritoy-rabochey-gruppi-celyam-ustoychivogo-raz-vitiya-tochki-zreniya-pr.php.

46. ЮНЕСКО：*Всемирный Доклад по Мониторингу Образования «Образование в интересах людей и планеты：построение устойчивого будущего для всех»*，2016 年 12 月 1 日，见 https：//gcedclearinghouse.org/sites/default/files/resources/245745r.pdf.

英文文献：

NUICEF：*The child care transition：A league table of early childhood education and care in economically advanced countries*，2008 年 12 月 11 日， 见 https：//www.unicef-irc.org/publications/507-the-child-care-transition-a-league-table-of-early-childhood-education-and-care-in.html.

责任编辑:宫　共

封面设计:源　源

图书在版编目(CIP)数据

哈萨克斯坦教育制度与政策研究/阿依提拉·阿布都热依木,朋腾 著.
　—北京:人民出版社,2020.12
("一带一路"不同类型国家教育制度与政策研究/顾明远主编)
ISBN 978-7-01-01-022597-5

Ⅰ.①哈…　Ⅱ.①阿…②朋…　Ⅲ.①教育制度-研究-哈萨克②教育
政策-研究-哈萨克　Ⅳ.①G536.1

中国版本图书馆 CIP 数据核字(2020)第 214276 号

哈萨克斯坦教育制度与政策研究
HASAKESITAN JIAOYU ZHIDU YU ZHENGCE YANJIU

阿依提拉·阿布都热依木　朋　腾　著

人民出版社 出版发行
(100706　北京市东城区隆福寺街 99 号)

北京佳未印刷科技有限公司印刷　新华书店经销

2020 年 12 月第 1 版　2020 年 12 月北京第 1 次印刷
开本:710 毫米×1000 毫米 1/16　印张:14　字数:214 千字

ISBN 978-7-01-01-022597-5　定价:42.00 元

邮购地址 100706　北京市东城区隆福寺街 99 号
人民东方图书销售中心　电话 (010)65250042　65289539